ビジネスを揺るがす
100のリスク

驾驭灰犀牛

抓住未来10年商业风险下的潜在机遇

[日]日经BP综合研究所　编著
姚奕崴　译

中国友谊出版公司

图书在版编目（CIP）数据

驾驭灰犀牛 ：抓住未来10年商业风险下的潜在机遇 / 日经BP综合研究所编著 ；姚奕崴译. -- 北京 ：中国友谊出版公司，2020.7
ISBN 978-7-5057-4892-7

Ⅰ. ①驾… Ⅱ. ①日… ②姚… Ⅲ. ①企业管理一风险管理 Ⅳ. ①F272.35

中国版本图书馆CIP数据核字（2020）第057147号

著作权合同登记号：01-2020-1532

书名 驾驭灰犀牛：抓住未来10年商业风险下的潜在机遇
作者 [日]日经BP综合研究所
译者 姚奕崴
出版 中国友谊出版公司
策划 杭州蓝狮子文化创意股份有限公司
发行 杭州飞阅图书有限公司
经销 新华书店
制版 杭州真凯文化艺术有限公司
印刷 杭州钱江彩色印务有限公司
规格 880×1230毫米 32开
8.5印张 180千字
版次 2020年7月第1版
印次 2020年7月第1次印刷
书号 ISBN 978-7-5057-4892-7
定价 59.00元
地址 北京市朝阳区西坝河南里17号楼
邮编 100028
电话 (010)64678009

目 录

前言

化风险为机遇

强烈的危机意识——这便是此次日经BP综合研究所倾力撰写并出版这本书的原因所在。

产业秩序已经开始崩坏。自动驾驶方兴未艾的汽车产业相信，他们正在迎来号称“百年不遇”的大变革。在流通行业，虽然美国亚马逊、中国百度等互联网企业的参与导致既有格局发生重大变化，但反击之势也在兴起。金融业和制造业则正在为“亚马逊效应”（因亚马逊公司的参与而引发的行业变革）而惶惶不安。新兴竞争者和技术掀起了产业再定义的浪潮，他们正在重建产业结构和商业模式，摧毁迄今为止所构建的行业规则。

各位商界人士应当已经对上述情况有所察觉。但在各位眼中，是否仍然认为是“为时尚早”或“我们早有对策，不必大惊小怪”？我认为，这些看法恰恰是最大的风险。

产业什么时候将会发生翻天覆地的变化？人们大多给出较为长期的预测——2030年或2045年，这的确可以说为时尚早。庞大的既有产业需要10年、20年的时间方才会被新产业替换。假定未来某一行业的营业额将减少一半，这个问题固然严峻，但如果把这一减少以20年计算，每年的同比下降不过区区的3.5%。在管理者的心目中，挽回如此小小不言的损失简直是易如反掌，大可以努力压低成本，挖走同行的客户，扩大市场的占有额，而后窃窃私语："我们早有对策，不必大惊小怪。"

但是，情况无时无刻不在变化。一个3.5%接着又一个3.5%，营业额不断缩水——试想这样的一家公司将会怎样？亏损的部门会被公司内部勒令削减预算，被迫关停，人员被调离甚至裁减；一旦营业额达不到预算，部门之间便会相互推诿扯皮：管理者埋怨现场不力，现场抱怨管理者无能；外界优秀人才对公司敬而远之。公司真正坠入螺旋形下降的深渊。

我们由衷希望企业能够摆脱这种困境，于是自告奋勇罗列了100个将会动摇商业的风险。所谓风险，即是一种不确定性因素，因此只要果断出手，便能够规避。进而因势利导，化风险为机遇，成就螺旋形上升。

负责遴选各类风险的是日经BP综合研究所的研究员和专家顾问，全员共80人，其中大多担任过专业杂志的记者、主编、总编，曾目睹过商业和科技的兴衰成败。现在，他们充分发挥自身经验，组成辅助解决公司及社会问题的调研、咨询专家团队。唯有这样的团队，才能够预见至关重要的风险，才能够勾勒出风险背后的机遇。对此我有充分的信心。倘若本书能够对各位未来的商业活动有所启发，我将不胜荣幸。

日经 BP 社首席执行董事、日经 BP 综合研究所所长

望月洋介

第一章　发现灰犀牛

日 经 BP 综 研 选 出 的 十 大 风 险

作者一览

日经 BP 综合研究所

酒井纲一郎

望月洋介

谷岛宣之

个人或组织向目标发起行动后，会直面某些不确定性，并受到它们的影响。有可能影响目标达成的这些不确定性，便被称作风险。

风险是很棘手的东西。首先在于难以预料什么会成为风险；而即便能够预料，也无法锁定该风险爆发的时刻。个人或组织的目标不同，风险也随之千变万化，因而每个怀揣目标的个人或组织在应对风险时，都不得不孤军奋战。

找出难以捉摸的风险，尽最大可能趋利避害——我们将这种做法称作风险管理。只要能够未雨绸缪，便可以化风险为机遇。换言之，对于企业而言，经营管理就是风险管理。

为了给风险识别贡献一分力量，本书选择并阐释了100个商界人士应当关注的风险，并且将其中的重点风险归纳为“2019年以后商界人士应当注意的十大风险”。

希望不论是企业管理者、政府领导、产业部门的干部，还是企业一线的负责人，所有商界人士面对这10个必将到来的风险时，务必扪心自问：这些风险是否会在自己身上或自己的组织内爆发？影响会有多大？

因为风险是一种不确定性，所以“必将到来”这种说法从根本而言有些荒诞，但这10个风险是时间未定但注定出现，或是已然初露端倪的。而且不同的组织，受到这10个风险影响的程度也各不相同。

表1-1 2019年以后商业人士应当注意的十大风险

规则剧变	国家或企业肆意更改商业规则和条件
开发优势地位	凭借科技迎头赶上的发展中国家
争夺认证产品	争抢合法采伐和作业所得
雇员大流失	以人生百年论和奥运会为契机，与终身雇用制一刀两断
新车销售低迷	网约车软件和自动驾驶加速共享进程
中间层消亡	平均消费群体消失
火葬拥堵	老龄化引发多死社会，大城市缺少殡仪馆和火葬场
存在感为零	企业名称在网上搜索不到
学习数据污染	掺杂错误，AI（人工智能）学坏
风险管理形式化	既抓不住机遇也无法规避风险

注：第2章至第11章的开篇将分别介绍十大风险

十大风险的第一个，即“规则剧变”，正在持续爆发。美国肆意修改包括汽车关税在内的贸易规则，一些国家表示接受，但也有一些国家与之对抗。欧盟为了保持自身的优势地位，制定了

《通用数据保护条例》（GDPR），限制个人信息向欧盟域外转移。

“开发优势地位”风险是否会爆发，尚不明确。中国正在自上而下迅猛推进IT（信息技术）、基因编辑等科学技术的应用。有些观点认为，较之其他国家，中国会占据或是已经抢占了优势地位。如果中国真正占据了优势地位，将会对其他国家产生巨大影响。

有人指出，网约车软件和自动驾驶促进了汽车共享的发展，这使得“新车销售低迷”的趋势愈发凸显。网约车软件已经投入应用，但自动驾驶则尚未普及。当新车销售显著遇冷，汽车产业势必蒙受剧烈冲击。不过，也会有大量企业投身于伴随共享经济而生的新商机之中，化风险为机遇。

因此，我们很难用“这就是风险，应当如此这般应对”一句话来向大众笼统地阐释风险。这便是前文认为风险很是棘手的原因所在。

为了能够识别扑朔迷离的风险，日经BP综研共计80名研究人员和专家顾问投入到“动摇商业的风险”调查项目之中。这些研究人员或专家顾问大多具备在日经BP社各个专业媒体担任总编或记者的经验。基于多年积淀的真知灼见，80人各自列举了2030年前有可能动摇商业的风险，加上科技类媒体编辑部搜集的备选风险，列出了将近300个风险的清单。

而后，日经BP综研所长及综研下辖的9个专业实验室和日经

ESG[1]团队负责人等经过反复研讨，将搜集的风险按照“组织内外”和“人工或自然”两大轴线进行分类。如图1-1所示，整理为9个领域，并将风险个数圈定为100个。

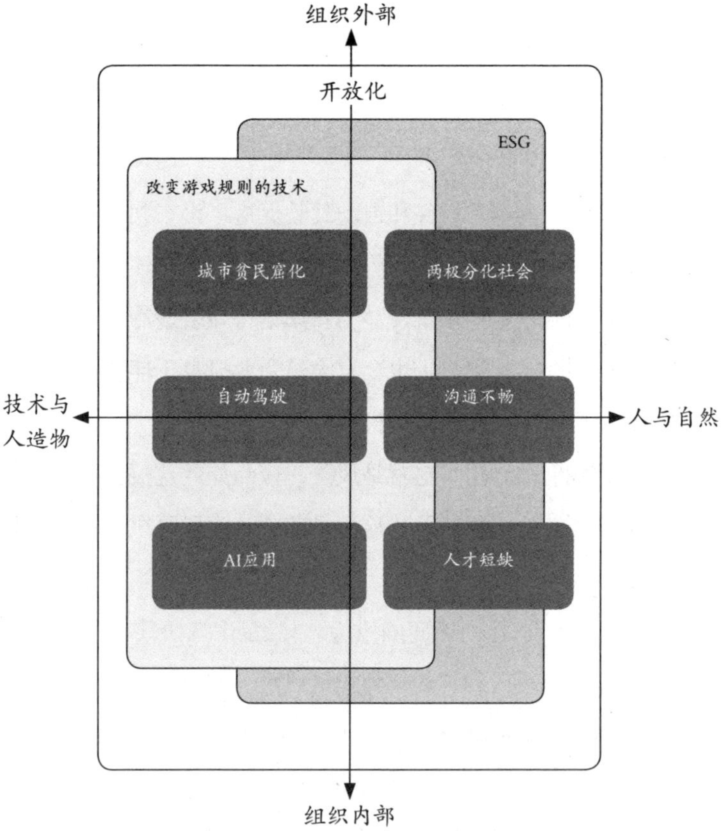

图1-1 动摇商业的9个领域的风险

[1] ESG：环境、社会责任与企业治理（Environment、Social Responsibility、Corporate Governance）。——译者注

首先，将组织内外，或是人工、自然等所有情境下都有可能发生的风险群命名为开放化，将这些风险汇总在第二章。“开放化”这个词多少有些晦涩，它指的是一种能够随时与所有人产生联系、任何人都来去自由的商业及社会趋势。开放之后，人员、信息、科技、组织、商业进程等各类要素都将实现互联。

如果要换个词点评这一趋势，那便是全球化、扁平化或者说互联性。世界越来越小，竞争对手从天而降的时代已经到来。不过，这同样也意味着商业机遇。

世界变小，首先应该归功于科技。因此第三章将阐述影响遍及企业内外的风险领域——改变游戏规则的科技。科技为商业和社会创造价值，也造成隐私、公害等问题。它会对游戏带来积极作用还是消极影响，取决于管理者的决策，可谓是一类典型风险。

第四章把与自然或人类有关的不确定性概括为ESG类风险，并进行了解释说明。ESG是对企业或地方政府应当贯彻执行的事项总称。例如，组织所处理的食品或材料必须通过认证，证明其为合法采伐或作业所得。那么当所有组织都要进行采购时，很可能就会发生争夺认证产品的风险。环境问题中的确定因素与不确定因素相互杂糅，如果没有采取必要的措施，就会有遭到负面影响的危险，甚至会损害企业评价。

人才短缺这一人与自然风险领域，与自动驾驶这一技术与人造物的风险领域，在企业经营和政府施政理政中存在着千丝万缕的联系，前者是一种“雇员大流失”等人才短缺和人员素质相关层面的风险。这一风险将在第五章有所涉及。

第六章将阐述自动驾驶风险，这一风险指的是自动驾驶相关技术的变化对整个行业的再定义。自动驾驶只是我们所选取的一个典型事例，实际上，科技造成的行业洗牌正出现在各个领域。

对组织外部的市场——也就是客户，组织理应予以充分考量，把目光投向人——也就是消费者，研讨市场相关风险。这一类风险可统称为两极分化的社会（第七章）。此类风险还包括中间层消亡，消费欲望减退，以及富裕阶层两极分化等。

我们进而关注的是消费者的居住场所，研究其中潜藏的风险，归类为城市贫民窟化（第八章）。人口集中、收入差异、城市内部的区域差异、能力差异及AI造成的特定领域无人化和随之而来的失业问题，这些问题之间的联系错综复杂。“高价值资产和搁浅资产”，以及大城市因殡仪馆和火葬场数量不足而出现的火葬拥堵等事态，同样令人担忧。

不论效益优劣，各行各业都离不开对信息的掌控。本书将其分为组织内外人员之间的沟通交流和组织内部数据的应用这两大类。例如，无法提升企业名称搜索排名的零存在感，混入错误导致AI错误学习的学习数据污染等，都是隐性的风险。前者将在第九章“沟通不畅”，后者在第十章“AI应用”，分别进行探讨。设置“AI应用”章节，不仅是因为当前AI备受瞩目，还因为AI及IoT（物联网）、大数据在推动IT应用（数据化）发展的同时，不可避免地要伴随不确定性。

上述9个领域所选取的风险大部分涉及商业和科技，企业可以在经营管理会议上进行讨论并制定相应的对策（如图1-2）。

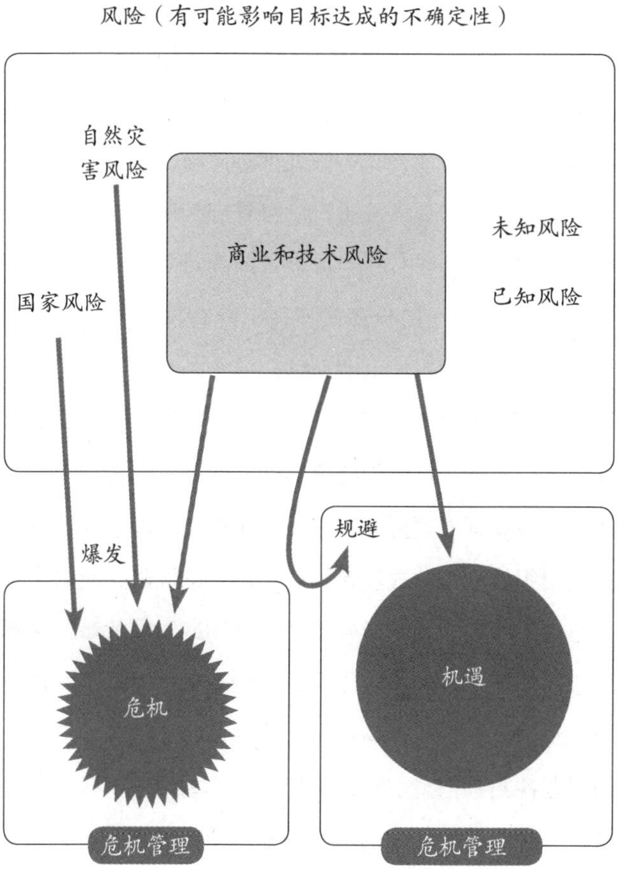

图1-2 风险的类型和应对方法

减少至100个风险后，我们就不得不对地缘政治学或政治相关的国家风险忍痛割爱。第四章（ESG）虽然对南海海槽[1]地震海啸、首都直下型地震、灾难性火山喷发、瘟疫、特殊外来物种入侵等相关自然灾害有所触及，但省略了相当大的一部分。

半岛局势及2018年日本所遭遇的诸如地震、台风、暴雨、酷暑等暴虐的自然威胁，无一例外都是风险，但我们认为，这些是爆发时需要采取紧急措施进行危机管理的风险，很难做到化风险为机遇，因而不能将其视为风险管理的对象。

9个领域的100个风险还包括“风险管理形式化”等风险管理本身的风险。作为对本书的总结，第十一章探讨了化风险为机遇的方法，融合风险管理和危机管理，提出不仅能解决已知风险，还能够应对未知风险的假设管理。

改变游戏规则、颠覆常识与前提条件的风险正在悄然逼近。在与其他组织推动开放式创新等产业协作的同时，应当恪守无规矩不成方圆的原则。制定了中期经营计划或发展战略，并不代表组织可以高枕无忧，而是应该根据形势变化及时调整。在应该开放的时候适时开放组织，与合作伙伴共享必要信息，而在应该封闭的时候坚决封锁信息。随机应变，实非易事，但必须要迎难而上、急流勇进。风险管理的目的是要调动组织和个人的积极性，而不是让管理成为他们的束缚。

---

[1] 南海海槽，位于日本东海地区纪伊半岛至四国一线以南海底的海沟，全长约700公里，历史上该地区曾多次发生地震。——译者注

社会生态学家彼得·德鲁克（Peter Drucker）在其著作《成果管理》[1]里这样写道：

（关于未来）凡人所能做的一件事是找出——偶尔也是创造出——恰当的风险和利用不确定性。

本书介绍的100个风险旨在启迪人们像德鲁克所说的那样去创造未来。衷心希望读者能够从9大类的100个风险中“找出——偶尔也是创造出——恰当的风险”，“利用不确定性”，抓住机遇。

[1] 彼得·德鲁克. 成果管理[M]. 上海：上海译文出版社，1999年5月第1版，童新耕译。——译者注

何为风险

在韦伯斯特英语词典查阅“risk”一词，词典给出了两个含义：

· the possibility that something bad or unpleasant (such as an injury or a loss) will happen.

· someone or something that may cause something bad or unpleasant to happen.

前者指的是“可能出现的不利情况”，后者指的是“某种引发不利状况的人或事”。本书采用的是风险的前一项定义，即“可能出现”的不确定性。

另外，JIS31000[1]对“风险”的定义如下：

· 针对目标产生的不确定性的影响（背离了预期利好或不利的方向）。

该定义不仅包括了利好影响，还包括不利影响。JIS31000定义中的另一个关键点在于明确提出了“针对

[1] JIS（Japanese Industrial Standards），日本产业标准。JIS31000为《ISO31000：2018风险管理指南》的日本本土化文件。——译者注

目标”和“背离预期”。例如，架设在河流上的桥梁日渐老化，这个片面的因素并不能称为风险。只有对于那些以过河为目的，并且预期要从这座桥过河的人而言，才会出现所谓桥毁坠河的“不确定性的影响”。

综上所述，本书采用的风险的定义如下：

· 有可能对人或组织有目的的行动造成影响的某种不确定性。

为了实现目标，直面“某种不确定性”，扩大有利影响，规避不利影响。本书将这种“采取相应对策”的行为称作“风险管理”。

人们无法准确地预测风险出现的时间。风险实际发生后，应当按照预案进行应对。当事态紧急，出现负面影响时，就应当启动包括业务持续性计划（BCP，Business Continuity Planning）在内的危机管理（Crisis Management）。

第二章　开放化的风险

全球互联，无法预知将会发生什么

作者一览

日经 BP 综研 中坚及中小企业实验室

伊藤畅人

日经 BP 综研 清洁技术实验室

三好敏

藤堂安人

河井保博

日经 BP 综研 创新 ICT 实验室

井出一仁

菊池隆裕

日经 BP 综研 市场战略实验室

丸尾弘志

日经 BP 综研 理念管理实验室

高下义弘

谷岛宣之

001

规则剧变

危险突如其来

所谓开放化，即个人、组织、国家、社会彼此开放、相互联系、往来自由的趋势的统称。例如，市场和供应链的全球开放化推动了世界经济的发展。开放化一方面让全球受益，但另一方面也不断承受着反对派开倒车的压力。

开放化的影响之一是规则剧变。世界互联，所以一旦新兴力量带来新的规则，便会在弹指一挥间波及全球。为了反制开放化，一些国家甚至一夜之间推翻全球性的贸易规则。

美国亚马逊的参与，使得行业规则被迫做出调整，既有商家遭到驱逐。因互联网而密不可分的全球消费者和生产者，造就了所谓的“亚马逊效应”。实体书店、CD店、玩具店、服装店等均遭到了沉重打击。亚马逊的下一个目标很可能是药店，甚至还会对金融服务业出手。

反开放化的一个例子，就是宣扬“美国优先”的美国总统特朗普所提出的经济政策。他先是对多边贸易协定嗤之以鼻，而后陆续推翻了多年来全球为了互通有无而制定的规则。

他肆意妄为地篡改规则的典型例子，就是2018年爆发的中美贸易摩擦，这一事件为世界所瞩目。

大致回顾一下。2017年，美国商品对华贸易赤字达到了3756亿美元，是1990年的30倍，占2017年美国商品贸易赤字总额8112亿美元的46.3%。特朗普总统发起的第一轮措施是2018年年初限制太阳能电池和洗衣机进口。针对此举，中国决定向原产于美国的高粱加征关税（同年5月中止）。3月，美国第二轮行动对从中国进口的钢铁制品、铝制品分别加征25%和18%的关税。4月，中国宣布对从美国进口的铝废料、坚果等征收报复性关税。9月，美国发动第三轮贸易战，对约合2000亿美元的进口商品加征18%的关税，对此中方同样对价值600亿美元的美国商品加征关税，并表态将要采取进一步对抗措施。

中国自2001年加入WTO（世界贸易组织）以来，依托跨国贸易，经济迅速崛起。2017年这场全球名义GDP占比24%的美国与占比已达15%的中国之间的对决，给其他国家造成了巨大的影响。尽管会受到美国中期选举走势等情况的左右，但两国仍然很可能再度迅速改变贸易规则。

美国汽车关税的走向不仅牵动着日本产业界的神经，也牵动着每一家企业。对于一家企业来说，全球开放化和规则剧变会对其产生各种各样的影响——客户顷刻之间被财力充沛的中国企业挖走；常年合作的供货方，被条件更为优厚的美国企业收入囊中。在这些特殊因素的驱使下，曾号称难以向海外迁移的日本工厂或将加速搬迁。

行业内或行业之间，国内或国家之间，但凡是人或组织接触的地方，必有规则。既有法律、协议等白纸黑字，也有约定俗成的潜规则。尽管所有规则都是由人规定且由人修改，但从未经历过像今天这般急剧变化的时代。今后，“一切皆有可能”的趋势仍将持续，并不断撼动商业的根基。

002

边缘化

“人”与“财”两空

面对中国的IT产业，美国同样神经过敏——譬如对通信器材巨头中兴通讯（ZTE）实施制裁，其出台的政策似乎是要把器材制造商拒之于国门之外。然而在全球化形势下，此举谈何容易。

在IT和数字领域引领全球的美国硅谷，不论是业务层面还是人才层面，都已经与中国的IT产业浑然一体。

曾几何时，分工如下：硅谷的公司负责数字技术研发，将研发成果搭载于各类硬件的阶段，则通常委托给日本厂商试制，之后由中国厂商批量生产。可是随着中国企业逐渐做大做强，一个显著的变化就是中方开始承接试制阶段的订单，而日本企业逐渐被排挤在外。

不仅如此，目前中方的技术竞争力越来越强，国内自主研发不断进步，已经出现了部分业务反向硅谷下订单的反转现象。

学习计算机科学的优秀中国学子前往硅谷的公司供职，而后在美国独立创业，或是返回中国创业后再与硅谷的公司合作等，这些都已经司空见惯。而美国的优秀毕业生进入中国IT企业，同样屡见不鲜。

数年之前，曾发生过这样一件事。在一场中日IT企业对接的活动中，访华日企的一位领导人提议“携手并肩开拓美国市场”，中国企业领导微笑应允。然而据策划那次活动的负责人透露，“所有参会的中国IT企业其实早已经和美国做起了买卖”。

访日的美国IT企业高层领导则急剧减少，充其量是利用定期访华的空余时间，顺便在日本中转几个小时罢了。

2018年7月下旬，笔者曾在美国硅谷用优步打车，司机到了之后对我说了这么一句话：“你是从日本来的吗？听说现在日本的天气都热死人了。”

难道日本遭受贸易战冲击、日本备受好评的高新科技等，都已经沦为前尘往事了吗？难道日本如今只剩下酷暑天灾能够偶尔拿出来充当谈资了吗？当然，日本企业还有2020年的奥运会、残奥会。但在那之后，日企又该如何在开放的世界中发挥存在价值呢？

003

制造业数字化迟滞

能否继续保持现有优势

放眼产业界，日本在汽车、电子元件等制造业方面依然保持着全球竞争力。尽管很多产品已经被中国和韩国赶超，但从质量和性能的角度而言，仍有不计其数的产品非日本制造莫属。

但是，一如被电商经济席卷的物流业和金融业，全球制造业也出现了数字化（Digitalization）的端倪。这里的数字化表述的是“制造业整体变革”这一大概念，并不停留在将数字技术引入传统方法或架构的层面。

换言之，就是运用IT、AI、IoT、机器人等先进技术，同时从根本上变革制造工序、价值链等制造业的整体架构和规则，从而创造出新的商业模式。

这便是全行业都被囊括其中的宏伟变迁的重要焦点之一，即第四次工业革命。智能工厂、链接工厂、数字孪生、协作机器人、边缘计算等制造业相关的新技术、新概念层出不穷。将它们统合起来，并对各种行业支柱架构进行优化升级。这便是制造业的数字化。

数字化趋势的背后，是少子老龄化和消费者需求多样化等社会变迁，以及已是强弩之末的以大量生产、大量消费为前提的传统制造业。在这种情况下，问题最早浮出水面的发达国家，也引领了探索制造业新型商业模式的契机。

这样一个关键转型期，是重置行业地位、重新划分势力范围的绝佳机会。因而谋求制造业做大做强的国家或地区、期望提升行业地位的企业，无不一拥而上。

然而面对制造业这一新潮流，日本的举动却仿佛蜗行牛步，令人诟病。这么说有很多原因，其中一个被反复提及，这便是为了支持制造业创新，欧亚各国由国家主导的大型项目有如雨后春笋，但日本政府竟然连一个方案都没有公布。

德国在制造业数字化的浪潮中一骑绝尘，其政府主导的制造业创新计划——工业4.0始于2011年。2015年，各国纷纷追随德国，相继启动大型项目，例如法国的“未来工业”（Industry of the Future）和中国的“中国制造2025”。

同样是在2015年，日本政府为了依靠机器人实现技术革新，成立了机器人革命倡议协会（RRI，Robot Revolution Initiative），在其下辖部门中设立了主题为“以IT带动制造业创新”的工作组。换言之，制造业数字化被定位为机器人项目的一个组成部分。

2017年3月，日本经济产业省公布日本新产业的发展战略——互联工业（Connected Industries），制造业整体方针出台，日本也展现出了政府企业联手推进产业数字化的姿态。

数字化进程显然并非完全依靠政府方针，因而我们不能因为政府方针迟滞，就草率断言日本已经落后于人。话虽如此，推动制造业整体变革时会面对诸多课题，推进数字化的同时还需要解决这些课题。在众多眼花缭乱的课题中，焦点之一便是中坚企业[1]、中小企业的数字化。

中小企业在日本制造业里占绝大多数。如果不能将如此众多的企业调动起来，制造业全行业的数字化就无从谈起。中小企业只有确保必要的资金和人才，才有望引进IT基础，进而利用多样化的数据，优化升级制造业结构，但目前还很难做到这一点。

人们普遍认为，最快也要到2030年，全球的数字化战略才能初具规模，因而我们难以通过比对现阶段的进展、成果来对目前的数字化进度做出评价。即便如此，国家或企业仍需精准地把握国内外的动态，努力推动数字化发展，以免被人抢占先机。

倘若不能紧跟形势变化，那么很可能，连同台竞技的机会都将不复存在，日本的制造业也很可能会每况愈下。即便是退一步而言，如果其他国家或地区抢先建立了更为有利的商业架构，那么日本企业想要获得市场优势地位，也会是难上加难。

---

[1] 中坚企业是日本企业分类之一，指规模在大企业和小企业之间，拥有自有技术或产品，并在领域内占有较高的市场份额的企业。——译者注

004

“走出去”形势急转直下

基础设施出口带来的政治风险

不满足于国内市场，进军海外市场，扩大业务范围，是日本企业多年来的一大课题，诸多企业都曾向这一课题发起过挑战。情况各不相同，既有像铃木那样，全球半数销量来自印度市场的范例，也有大批企业迎头遭遇形形色色的难题，溃不成军乃至尸横遍野。

让我们从“基础设施出口带来的政治风险”角度，来审视一下与开拓海外市场相伴产生的问题。

从20世纪50年代开始，日本对亚洲各国的基建（社会基础设施）出口始终十分活跃。由电力等能源产业起步，逐渐扩大到铁路、公路等运输相关产业，还有自来水管线、海水淡化等水资源领域。

日本基建企业的潜在市场有印度尼西亚、越南、菲律宾、泰国、马来西亚、印度，今后还将增加蒙古、柬埔寨、老挝、缅甸、孟加拉国等。

在向这些新兴国家出口基础设施的过程中，外汇交易、制度及授权许可的变化、资产接收、政治暴力、政府及政府机构违约等政治风险成了令人头疼的问题。其中同样正在上演规则剧变。

尤其是近些年，违约事件的数量不断增长。例如，大批进军印度的企业在征用土地时就遭遇了违约的情况。有时，虽然日方已经同负责征用土地的印度当局签署协议开展业务，但还要亲自去求得那些即将背井离乡的当地居民的同意，就连寻找拆迁安置地点、找工作这样的事，也要落在日方头上。甚至还发生过本应该已经迁走的当地人又返回建设完工的原住地，搭起简易房又住下来的事情。这背后涉及贫困问题，所以一般的手段根本无济于事。

交通运输业务遇到的情况，大多是当地政府在事先的协议内容里提出的规划天马行空，而且承诺承担风险，然而实际签约后，却把棘手的问题一股脑儿都推给前去开拓市场的企业，导致企业事业一败涂地。比如，有企业取得了机场的建设权，但由于政权更迭，权限旋即被剥夺，还有些时候项目激起当地居民的反对浪潮，由于政府管控不力，企业的一切努力付诸东流。

有些企业为了防止政府虎头蛇尾，采取投保或敦促政府严格履行协议的主权挂钩（sovereign hook）[1]等措施，但最终陷入纠纷的案例仍是源源不断。

引发上述情况的原因包括政权更迭之后对前任政权成绩的全盘否定，贪污渎职，公务人员欠缺契约观念和工作能力等，而且这些原因都根深蒂固。

[1] 主权挂钩，通过直接签约或政府公函、政策对话等方式，获得当地中央政府对项目的支持的口头承诺。确保无论项目情况发生怎样的变化，受援助国政府都要履行义务。——译者注

005

针对重要基础设施的网络攻击

无法预知攻击来自何方

勒索软件WannaCry从2017年5月开始肆虐全球数十个国家，其发动的网络攻击让企业和社会见识到了前所未有的威胁。

勒索软件又称胁迫式病毒，可以随意对感染了病毒的电脑或服务器中的数据加密，要挟用户支付相应的解锁费用。就好比用赎金换取人质，而人质就是数据。

多数情况下，勒索者会要求用比特币等虚拟货币支付，几乎不会像线下那样在交付赎金时暴露行踪。不过，支付赎金也未必能够获得解锁密码。

传统网络攻击和勒索软件的根本区别在于，传统网络攻击的目的是窃取机密情报和顾客信息，而勒索软件则是对感染后的电脑或服务器的内部数据进行加密，使其无法正常运行。一旦感染这种病毒，组织的业务极有可能立即陷入停滞。

实际上，WannaCry已经切断过日本汽车巨头的生产线和电机巨头的下单接单业务。网络攻击引发了危及生产、销售等企业商业活动根基的严重事态。

2018年3月，美国亚特兰大市遭到勒索软件攻击，给水及排污系统、交通违章线上支付系统、法院信息管理系统均被感染。为了杀灭病毒，8000名相关人员停止使用电脑，不得不徒手处理行政事务整整4天。

如果勒索软件不仅感染了生产、销售、公共事务系统，还感染了电力、航空铁路、金融等社会基础设施的控制系统，后果又将如何呢?

WannaCry曾成功入侵英国国家医疗服务（NHS）系统。由于感染病毒，电子病历和病情诊断系统瘫痪，大量的医院无法提供医疗服务。西班牙的通信公司、德国的铁路公司、美国的物流公司的一部分服务也曾受到波及。

日本政府将14个一旦遭到网络攻击便会对企业活动和国民生活造成重大影响的领域定位为重要基础设施，并加强了警戒防范。这14个领域分别是信息通信、金融、航空、机场、铁路、电力、天然气、政府及行政服务（含地方政府）、医疗、供水、物流、化学、信用卡、石油。

如果这些社会基础设施因网络攻击而突然中断，那么经济活动和民众生活将陷入一片混乱。2013年3月，韩国遭到大规模网络攻击，6家主要的电视台和金融机构遭到恶意软件的针对性攻击，且感染范围不断扩大，自动存取款机（ATM）和网上银行停用2个小时。2015年4月，法国爆发网络攻击，国际电视台的系统被恶意软件入侵，电视节目中断约3个小时。

网络攻击甚至还会引发更为严峻的事态。假使网络攻击造成交通或医疗器械的管控系统瘫痪或失控，表面看似没有损害，但会间接危及人的生命。如果管控系统使用的是Windows或Linux

等常见的操作系统，就会成为普通网络攻击手段的目标。

2010年9月，恶意软件Stuxnet（震网病毒）通过USB存储介质侵入伊朗核设施，感染了控制铀浓缩离心机的计算机。病毒将5000台离心机提高至极限转速，摧毁了其中大约两成。这一事件证实了病毒能够通过劫持控制系统，从物理层面破坏机器。美国和以色列被指联合实施了此次攻击，目的是延缓伊朗的核研发进程。

针对重要基础设施的网络攻击，实施主体包括持政治主张的黑客行为主义者（Hacktivist）、恐怖组织、敌对国家等，这些人和组织涉嫌参与了大量攻击事件。网络攻击不像导弹，它没有射程限制，可以从任何地方攻击全球所有的目标。

2016年12月，乌克兰首都基辅北部地区发生停电事件，时长约1小时。原因是国家电网公司的变电站遭到网络攻击，输电控制系统出现异常。2017年12月，同样是在乌克兰，电力公司再度遭到网络攻击，造成大规模停电，超过20万人受到影响。同乌克兰存在主权争议的俄罗斯被怀疑参与了袭击。

而今后的攻击未必全部单纯出自政治目的，犯罪集团也可能为了获利而针对基础设施发动攻击。犯罪者或许会如此盘算：如果以基础设施瘫痪或人命相要挟，必定能够索取高额赎金。

分布式拒绝服务（DDoS）攻击通过发送大量数据包使网络带宽不堪重负，最终停止服务，金融、信息通信等社会基础设施尤其容易遭到此类攻击。较之于入侵公司内网，实施这类攻击的门槛很低。目前日本已经出现了宣称将使用大量数据包发动DDoS攻击，并威胁金融服务业者的案件。

基础设施控制系统还有着不同于一般办公室和家庭系统的隐忧。首先是系统寿命偏长，且大多使用老版本的软件。由于不直接连接互联网，它们还未必安装了修补安全漏洞的最新版本软件。

虽然WannaCry并非针对社会基础设施这一个目标实施攻击，但结果却使大量基础设施服务遭到了破坏。如今已经证实，病毒甚至能够攻击打过补丁的安全漏洞，感染最新版的Windows，进而破坏基础设施服务。

日本即将迎来2021年东京奥运会和残奥会，难保不会成为黑客或恐怖组织发动示威性网络攻击的目标。2012年伦敦奥运会和2016年里约热内卢奥运会，均发生过多起针对官方网站的DDoS攻击；2018年平昌冬奥会期间，相关组织也曾遭到针对性网络攻击。加上以社会基础设施为目标的勒索软件攻击，东京奥运会或将成为恐怖分子和犯罪者比试网络攻击技术的竞技场。

006

商务电子邮件诈骗

组织的钱被电子邮件卷走

上司发来一封邮件，标题是“赶快处理”。正文是：“在某公司某君的强烈要求之下，紧急启动与海外合作企业的项目。请将1600万日元代理费转入这个账户。速办，望理解。”

某公司是老主顾，某君是老熟人。指定的转账账户虽然陌生，但毕竟是要紧事，于是乎办理了转账手续。然而，这封邮件是伪造的，“要求”其实是诈骗。

此类案件的数量从2015年开始激增。攻击者伪装成客户或本公司的领导，向一线负责人发送邮件，让其把钱打进攻击者的账户后卷走资金，这种犯罪被称作商务电子邮件诈骗（BEC）。

因为目标是企业而非个人，所以攻击者只需干成一票，便可以大发横财。美国联邦调查局（FBI）称，商务电邮诈骗最早出现在2013年前后，截至2018年5月，造成的损失总额共计125亿美元。平均一次诈骗的损失额约为1780万日元。

日本国内也出现过商务电邮诈骗造成巨额损失的案件。2017年12月，日本航空公司（JAL）宣称遭遇了商务电邮诈骗，损失总计约3800万日元。

此类诈骗的流程如下：首先向员工发送病毒邮件，确保入侵公司网络的路径通畅；然后窃取并浏览业务邮件，获取以往往来邮件的内容和合同；参考邮件或合同，伪造邮件并发送给负责人，催促其向攻击者事先准备好的账户汇款。

有的案件是趁公司与客户交易的间隙，让其向假账户转账，还有的是冒充律师或顾问等公司外部的权威人士。有时为了给诈骗做准备，骗子还会用相同流程窃取员工的信息。

此类诈骗泛滥的背后，是我们的工作对电子邮件的依赖。日常往来的电子邮件都是业务方面的指示和委托，所以收到诈骗邮件的雇员一定会落实伪造的指示，不会有丝毫的怀疑。如果是打电话，多数情况下人们都能听出声音不对，但是文字的话就看不出来了。

识别商务电邮诈骗的一个切入点是电子邮件的地址。比如骗子要假扮成领导，那么他为防止确认邮件地址导致犯罪行径败露，便会预先准备拼写方式相近的其他邮件地址。

例如，攻击目标公司的域名是“@kAIsya.co.jp”，攻击者便使用“@kAIsyaa.co.jp”（多一个a），这个域名十分相似，极易混淆。而后，他假扮的那个人物，比如说经营者邮件地址“@”的前缀是“taro.suzuki”，则这一部分保持不变；接着，骗子就假冒经营者向财务负责人发送邮件。

从事收集和发布信息安全领域信息的日本信息处理推进机构（IPA）建议：“关键是要有时刻防范商务电邮诈骗的警惕性。”此外，当发现不同寻常的业务委托时，应果断向委托人本人电话确认，或是向公司内部其他人确认。同时，还应加快发展电脑杀毒软件等根本性的解决方法。

007

模仿与被模仿

申诉无门

通过互联网，信息产生了爆炸式的增长，也引发了知识产权方面的纠纷。有时是自家公司的产品或作品被模仿，有时则是有意无意地模仿了其他公司的产品或作品，误用了他人的知识产权。

以往，前者多是对专利技术的模仿，但近年来又增加了对设计的模仿。最为著名的是2011年美国苹果公司起诉韩国三星电子抄袭iPhone设计一案。2012年，美国加利福尼亚州的联邦地区法院陪审团裁定三星支付10.5亿美元赔偿金，而后减少至5.39亿美元，之后又达成和解且未公开和解金数额。

设计抄袭的情况在日本同样频频发生。亚洲各国游客蜂拥赴日，大肆采购，他们从日本带回本国的热门商品被当地企业仿制的情况时有发生。巴慕达（BALMUDA）在高端家电领域创造出了不计其数的热销商品，如风力柔和的电风扇、吸力强劲的空气净化器、烘焙美味面包的烤面包机等。然而其产品研发负责人被一家中国公司挖走了。随后，中国公司开始销售外观雷同的空气净化器。空气净化器在中国的需求量很大，但巴慕达在中国的生意却因此而遭受了不利影响。

不单单是家用电器，立体模型或艺术品被其他国家企业模仿的形势也很严峻。随着坐标测量机的普及，仿造者能够轻而易举地获取三维数据，用低廉的成本得出几乎一模一样的设计数据。利用这些数据和廉价的3D打印或加工中心，短时间内就可以制成模具。技术进步正在以前所未有的速度催生山寨产品。

尽管设计注册未必能够杜绝山寨问题，但在销售主打设计的商品时，不论国内国外，都必须提交国际外观设计专利申请。

另一方面，2021东京奥运会会徽涉嫌抄袭，就是山寨他人的一起典型案例。准确来说，这是一次因为与他人创作雷同而导致的声誉（评价）风波。2016年，佐野研二郎设计的作品在奥运会徽首次公开征集中脱颖而出，但由于与其他设计者曾经的作品雷同，社交网络平台上对此差评如潮。

不过，某一设计与其他设计相似的情况并不稀奇。现行有关著作权的法律对模仿创意和设计偶然出现雷同的情况，在一定程度上是认可的。许多专家表示，从法律角度来讲，佐野所设计的奥运会徽没有问题。

尽管如此，佐野的设计最后还是被停用了。原因有二：一是由于网友对法律的误解或曲解，“雷同即是错误”的观点在网上横行。那些将雷同理解为山寨的人，接连不断地在网上发表评论，主张给佐野定罪，最终形成了一股社会舆论。二是佐野先生事务所的诸多设计，以及与这些设计相近的其他人的设计，被人在网络上集中曝光并进行了比较。其中一些相近被公众认为绝非偶然，而是有意模仿。结果，“佐野是个抄袭大户”的风评散播开来。网友们并不深入思考他到底是否抄袭，他的模仿行为是否合法，而是“总觉得有点可疑”，而这种感觉获得了正当化，形成一种堂而皇之的论调，让奥委会都无法忽视。可以说，这是只有在人与人紧密联系的网络社会才会发生的事件。

佐野的设计被撤换的另一个原因，是误用了他人的知识产权。奥运会徽展示资料中包含了一张未获得使用许可的照片。

这份资料曾用于会徽选拔阶段，原本没打算公之于众，但是为了解释该设计并非抄袭，相关人员便在公开设计过程的时候一并公布了这份资料。照片的所有者看到这份资料之后，随即提出照片在未获许可的情况下被擅自使用了。

会徽事件中，不仅是设计师个人，东京奥运会、残奥会组委会也被追究了管理责任，二者的声誉都受到了损害。委员会公布的数据显示，重新征集会徽的成本包括举行会徽发布会的经费，约为6800万日元；商标审核、注册费，约3100万日元；征集、选拔费用，约900万日元；制作海报等费用，约800万日元。大约1亿日元的直接经费就这么浪费掉了。

关于知识产权，不仅有被人模仿的问题，还牵扯到有意无意间模仿别人的问题。不论是从金钱角度而言，还是从金钱无法衡量的品牌价值角度而言，都将造成十分恶劣的影响。

008

GAFA 日薄西山

兴衰成败，IT 霸主不复当年

正如在“规则剧变”一节中所述，开放化不断承受着反对派开倒车的压力。在人们通过互联网紧密相连的当今世界，针对美国四大巨头GAFA（谷歌Google、苹果Apple、脸书Facebook、亚马逊Amazon）的反对浪潮愈演愈烈，备受瞩目。

尤其是谷歌、脸书、亚马逊，将用户的浏览、评论、购买记录等上网痕迹一一记录了下来。按照世界经济论坛（WEF）预测，“个人数据是互联网业新的‘石油’”，而这些公司将这一新资源掌握在了自己手中。

尽管制定了使用规章，数据收集也征得了用户的同意，脸书仍被曝出将8700万人的个人信息泄露给英国的政治咨询公司，这在美国引起了一系列强烈批评。

欧盟委员会已经以滥用市场地位为由，对谷歌搜索服务处以罚款。此外，针对欧盟范围内可使用的搜索引擎，委员会正在对公开搜索排序的评价标准、未经事先告知禁止将某搜索服务从列表中删除等义务性规定进行磋商。

有观点认为，GAFA是反开放的。该观点指出，尽管人们借助互联网开拓了一个更为开放、紧密联系的世界，但GAFA却垄断了人们的个人信息。而其他的一些形式，譬如虚拟货币比特币，采用的是去中心的、分散型的技术，是真真正正想要创造一个开放的世界。

IT产业的历史是江山轮流坐的历史。当一家独大的霸主出现，便会遭遇千夫所指，受到反垄断法的制约。然而，非议或反垄断法并没有什么影响力，让上一代霸主走下神坛的，其实是新领域横空出世的下一个霸主。

美国国际商业机器公司（IBM）公司的利润一度比行业排名第二的公司的销售额还要高。削弱它的，不是大型计算机领域的竞争对手，而是利用个人电脑引领信息化的美国微软公司。而让微软公司一时间陷入困境的，也不是它在个人电脑领域的对手，而是乘着互联网云处理东风应运而生的GAFA。

无论是IBM还是微软，在它们的鼎盛时期，想要撼动几乎是不可想象的。如今的GAFA亦是如此。下一个霸主很有可能借着目前仍在潜伏的新潮流一跃而起，将4家公司推下霸主宝座。

IBM牢牢掌握着公司内部业务处理数据，微软把控着文档等个人信息处理数据，这造就了它们的强大。GAFA特别是苹果之外的3家公司，则紧紧抓住用户的网络使用信息不松手。不过，用户是善变的，对待网络服务更容易喜新厌旧。

GAFA是威胁，但同时它们也建立了一个经济圈，让众多企业从中受益。向苹果提供零部件，通过亚马逊销售产品，利用谷歌和脸书做广告宣传——依赖它们的企业不在少数。当GAFA明显日薄西山，处于经济圈内部的各个公司将会受到很大影响。

009

《通用数据保护条例》

数据保护造成分裂

2018年5月25日，欧盟颁布了《通用数据保护条例》，目的是保障欧盟境内的个人、居民支配个人信息的权利。不用说，欧盟的用意是为了防范境内个人数据这一“石油”流向GAFA等美国企业或正在崛起的中国互联网公司。

《通用数据保护条例》适用于欧盟全境，所以此举或将改变商用数据的国际环境。根据境外适用规定，《条例》禁止向未获得同等效力的国家转移数据，这有可能对其他国家的企业在欧洲的商业活动造成影响。

既然出台了法律，就必须要遵守。日本普华永道咨询公司的合伙人山本直树批评说："采取幼稚拙劣的法律战略，很可能会遭到意想不到的沉重打击。为了让当地企业获利，居然任意地对外国企业施以处罚和罚金。"企业应当牢记，"不要在争夺顾客数据时被人抢占先机，也不要放过商业机遇。"从所受到的负面影响的程度而言，这方面显然更重要。

010

不理解互联网经济

何人理解

综上，美国、欧盟及中国，在互联网上围绕新"石油"的竞争愈演愈烈，这其中同样潜伏着"日本无人问津"的隐忧。有人指出，日本企业并不理解互联网经济，它们遵纪守法，但却没有战略对策。

企业家应当重新考量管理者和员工的思维方式、组织的现有模式是否适应网络时代。何人，对于何事，应当理解到何种程度——不同企业需要考量的情况各不相同，这是棘手之处。

有些企业是管理者身先士卒，但雇员墨守成规；有些企业是企业一线再三请示实施互联网战略，但经管会议却犹如磐石一般不为所动，屡屡予以驳回。这些走极端的企业虽然日渐减少，但恐怕今后“互联网战略徒有其表”的企业会与日俱增。

011

缺少开放创新力

墨守成规

随着社会日益成熟，需求愈发多样，保持企业的持续增长也变得更加艰难。单一商品或服务越来越难以实现规模销售。倘若商品或服务不能推陈出新，那么将无法留住顾客。

关键是要不断创造顾客真正需要的商品，不断开创促进客流量增长的经营之道。如果能够提供前所未见、独一无二的价值体验，那么顾客自然会纷至沓来。

不过，在当前业已成熟的社会，想要缔造前无古人且能够大规模商业化的价值，并非易事。

试举一例，在超老龄化、地区医疗体制不完善等社会课题的背景下应运而生的远程护理，其业务包括远程诊断、配药、护理等，但任何一家公司都很难独立承担这些业务。其他相关业务门类五花八门，医院自不必说，还必须包括药店、护理机构、供餐服务和营养师、保洁员、洗衣服务、运送生活必需品的物流公司等。不但要逐一引入IoT、AI等科技手段，而且必须要有能够将所有门类有机整合起来的人才。

要创造新的价值，就需要这些曾经几乎各自为战的业界同人为了同一个目标齐心协力。因此，必须要具备“开社力”——敞开公司大门，积极同外界合作，致力于解决棘手问题。

发挥开社力，换言之就是开放创新，一向被认为是多数日本企业的软肋。日经BP综研在2017年5月进行的一项问卷调查显示，92%的企业能够认识到开放创新的重要意义，但回答“正在实践”的企业仅占38%。也就是说，仍有六成多的企业尚未付诸行动。

开放创新的步伐为何会止步不前？原因不胜枚举。例如自诩自家技术天下第一的过分自信、业务种类繁多造成的强烈内包思想、担心独创技术外泄或成果被窃取的保密心理、想赢怕输导致缺乏投资欲望，等等。

由于上述种种原因，许多企业对待占用工作时间与外部开展交流，或是公开公司内部信息以谋求合作等做法，大多秉持消极态度。尤其是企业的规模越大，这种倾向就越明显。

对于巨头企业而言，即使在一定程度上扩大对外交流和信息公开，大多数时候，其决策和技术研发的速度仍将遥遥领先于其他企业。利益相关方过分参与决策，过强的本位主义思想，过度精益求精的态度，这些都导致日企在紧迫感方面与初创公司、海外企业大相径庭。

开社力孱弱或欠缺，将会从各个方面给企业带来不良影响。如果不能翻越传统的藩篱，就无法创造出新的价值。面对风云激荡而视若无睹，就将会被其他公司抢占先机，富有潜力的核心技术和创意也无法得到充分发挥，还会损害员工的工作积极性。

一旦陷入上述状况，那么企业面对效益增长停滞将束手无策，只能眼睁睁地看着颠覆性的对手出手，夺走市场。如果不能把握行业或海外的动向，企业就只会越来越不了解世界的新常识，越来越落伍。

想要壮大企业组织的生命力，取得进一步的发展，不仅要明确区别对待外来的和企业内部既有的技术经验，同时要怀着紧迫感，高效吸纳外部力量，并做好相应的思想转变。

第三章　改变游戏规则的技术风险

颠 覆 竞 争 条 件 的 新 技 术

作者一览

日经 BP 综研合伙人

仲森智博

日经 BP 综研 中坚及中小企业实验室

伊藤畅人

日经 BP 综研 清洁技术实验室

菊池珠夫

金子宪治

日经 BP 综研 未来实验室

朝仓博史

高桥史志

谷岛宣之

日经 BP 综研 理念管理实验室

高木邦子

日经 BP 综研 技术媒体局

大久保聪

012

开发优势地位

向转基因和数据共享社会突飞猛进的中国

中国是一个拥有14亿人口的大国，但中国正在建立并健全能够在几秒内对全体国民进行面部识别的数据库。由于支付宝和微信支付等无现金结算的普及，企业及政府还能够掌握老百姓的收支情况。对作为收款方的饭店、商店等小商业者，相关机构可以评定其与顾客之间的交易状况，短时间内决定是否实施小额商业融资。

数据利用的关键在于量与质，而中国在这方面具有独特优势。目前，中国在经济、商业乃至科技等方面的数据利用均处于“应有尽有”的状态，这让一大批追梦的优秀人才如鱼得水。

中国的开发优势并不仅限于IT和互联网，在转基因和再生医疗等科学技术领域也同样存在。倘若中国先于其他国家踏入这片新兴领域，势必会给全人类带来重大影响。

此外不要忘记，中国及其他新兴国家几乎不存在既有产业和传统机制这些创新的拦路虎，这意味着其商业价值链的整体智能化甚至比发达国家还要更快一步，传统发达国家的地位也因此而岌岌可危。游戏规则变换的时代，发达国家和发展中国家这两个词也许会被消灭。

013

出现太空破坏者

利用宇宙空间，破坏既有产业

太空开发是一项颠覆游戏规则的技术。未来将出现利用宇宙空间、人造卫星、火箭等技术的太空破坏者。它很可能会打破空间限制，利用无重力造就另类环境，用地面上无从想象的方法开展商业活动，彻底颠覆既有产业。

全球都在积极投资太空。短短10年间，太空产业的市场规模从10万亿日元激增至40万亿日元，其背后是发展中国家和风险企业的崛起。此前，投资的中坚力量是美日及包括俄罗斯在内的欧洲；如今，印度、东南亚、南美和非洲的国家和地区也开始投资制造本国的人造卫星。而且风险企业看到了太空产业的商机，络绎不绝地参与其中。据称，全球已有上千家风险企业展开了激烈竞争。

投资的国家和企业越多，火箭和人造卫星等太空产业所需的基础设施成本的下降幅度就越大。参与的风险企业越多，就越有可能造就别出心裁的企业家，推出独具一格的服务。

目前，投资者的目光集中在4个领域：太空互联网、太空大数据、太空旅行和行星探索。

太空互联网，就是发射数百乃至数千颗人造卫星，让互联网覆盖全球。哪怕是不毛之地，只要架设天线，就能够提供网络环境。生产数千颗人造卫星也将形成规模经济，大幅降低成本。这样一来，地面铺设的互联网很可能会失去存在的必要。

太空大数据，即利用人造卫星填补信息收集的不足，从而构建无法在地面上独立完成的大数据使用环境。收集的信息不仅能够用于以往的航拍和气象预报，还可以监控全球的矿山、农田等资产。一旦能够从太空探明资源的位置，那么矿业权等既得权限很可能成为一纸空文。

太空旅行，就是将人送往太空的运输服务。有些公司已经在规划到大约100公里高度的太空飞行5～10分钟的“旅行”了。想要让太空旅行变成现实，需要研发能够将每个人都平安送至太空的运输方法，而这种方法很可能从根本上颠覆地面运输方式的概念。

随着今后太空开发不断发展，人们还将发现新的物质，提供新的环境，进行行星移民等。因而，行星探索将是一个应用十分广泛的领域，不过目前尚不明确它能够创造哪些价值。

除了这4个领域，太空工厂、太空合成化学物质、旅行以外的其他娱乐形式等，均具备广阔的发展可能。美国企业家埃隆·马斯克（Elon Musk）的太空技术开发公司SpaceX正在挑战火箭回收。一旦这项技术成为现实，火箭发射的成本将大大降低，未来还有望应用于火星载人飞行。

关于太空，仍有许多未解之谜，既有危险，又蕴含着无限的可能。已有众多风险企业参与其中，为实现新的服务而切磋琢磨。这一进度上的差距很可能让尚未进场的企业望尘莫及。

014

GPS替代技术

有无信号不再影响定位

GPS（全球定位系统）是一项利用人造卫星建立起来的、成就诸多创新的技术。地面接收机接受多颗卫星发射的信号，利用信号到达的时间差进行地面定位。智能手机与GPS相结合的便捷服务陆续开发问世，人们遗失的手机能够找回，同样要归功于GPS。

GPS使用的是美国发射的军用人造卫星。中国和俄罗斯也已经发射本国的人造卫星，构建类似体系。因此，与GPS这一专有名词相对应的一个普通名词GNSS（Global Navigation Satellite System，全球卫星导航系统），就这样诞生了。

不过，GPS和GNSS在信号干扰下都会失灵，而且不可以在信号无法传递的室内或水下使用。为此，以美国为首的各国军事部门正在研发GPS的替代技术。这里的替代具有两层含义，一是让GPS在受干扰的情况下依然能够定位，二是在无法使用GPS的地方利用其他技术实现定位。

例如，使用单兵即可装备的传感器和加速度计，测定敌我双方士兵的位置；又比如利用声波或超长波的各项技术。

就像军用GPS进入日常生活，引领技术革新一样，在GPS替代技术的研发过程中，同样很可能会诞生引领下一次技术创新的驱动器。

015

电磁脉冲攻击

再次探讨备份机制

所谓电磁脉冲（EMP，Electro Magnetic Pulse）攻击，就是利用超高空核爆炸制造强烈的电磁脉冲进行攻击。这种攻击可以对信息系统、传感器等电子设备造成暂时或永久性的破坏。

据悉，世界主要大国均正在研发电磁脉冲攻击技术。日本防卫省也将研制电磁脉冲弹头和相关防护技术的研发费用列入了日本2018年预算案。

既然其他国家正在进行研究，那么不论这些国家是否真正掌握了这项技术，政府都必须要考虑相应的对策，企业亦是如此。因为这种攻击造成的损失实在是太过巨大。

然而，该问题的涉及面极为宽泛，仅凭一家企业或某一行业根本无能为力。可以说，这是一个需要企业全体出动、团结协作的问题。从事风险管理援助的PROJECTPRO公司董事长峰本展夫指出：“较之应急措施，更为有效的办法是共同构建全球范围的备份机制。”

比方说，事先将备用的电子设备放置在远离本国的同盟国，在非常时期切换至备用设备。企业出于成本考虑，难以独立形成备份机制，但如果成立一个联合机构的话，有可能会创造出一种新的商业模式。

备份机制同样有助于应对自然灾害。此前，在信息系统领域，建立备份中心已经是理所当然的事情，大型金融机构也有自建的备份中心。近来出于兼顾成本的考虑，备份机制轻型化也取得了进展。可以说，对电磁脉冲攻击的担忧，让再度探讨备份机制成为一个迫在眉睫的问题。

016

地面上的太阳能

核聚变发电将一扫原本依赖原油的格局

特权相互勾结会导致财富集中，使市场被一部分既得利益者据为己有。最典型的例子就是利用化石燃料能源特权大发石油财，通过操纵原油价格，影响各行各业经济成本，将全球企业玩弄于股掌之中。

核聚变发电技术能够完美代替化石燃料。燃料换成氢之后，依赖原油的现有格局将被彻底推翻，能源成本陡然而落。这会实实在在地改变游戏规则。

核聚变发电的能量来源与太阳能一样，都是核聚变反应。因为这是由人工在地面上制造出来的太阳能，所以它被誉为“梦幻能源”。然而经历了将近60年的研究，这项技术的实用化至今依旧毫无眉目，仍是空中楼阁。

最适合发电的是重氢和超重氢的核聚变反应。两个原子核克服相互间的反作用力发生聚合，生成氦和中子。在这一反应过程中，质量减少，减少的质量变成能量。据说1克燃料产生的能量相当于燃烧1辆油罐车（约8吨）石油所产生的热量。与目前利用核裂变反应的发电方式不同，核聚变发电具有如下特点：海水中储藏着丰富的燃料，无资源枯竭之虞；反应过程中没有失控的危险；不会产生高放射性废料。

棘手的问题是，发电设备过于庞大。只有让2颗原子核以每秒1000公里的速度相撞，才能实现核聚变反应。为了产生这种状态，需要加热装置将等离子体加热至1亿度以上的高温，同时使用超导磁铁将原子核稳定在一定的空间内。

但核聚变反应的等离子体的运动是复杂多变、难以预测的。谷歌与美国核聚变研究公司Tri Alpha Energy（现TAE Technologies）合作开发了核聚变等离子体的算法。相关报道虽然引起了人们的关注，但对如何有效进行等离子体约束实验，目前研究人员仍处于一筹莫展的阶段。

另一些项目希望通过国际合作将核聚变发电变为现实。比如，日本、欧盟、美国、俄罗斯、中国、韩国、印度参与的实验装置——国际热核聚变实验堆（ITER，International Thermonuclear Experimental Reactor），于2007年建立维形，而后开始建设，但由于技术难度过大等原因造成预算超标，计划一再推迟。原计划于2019年开始运行，但又延期至2025年12月，核聚变实验则推迟到了2035年12月（根据2018年5月时的计划）。

这种使用高温等离子体的核聚变发电设备成本很高，即使能够成功，是否划算仍有待商榷。因此人们更青睐能够在常温（室温）条件下引发核聚变反应的冷核聚变。

冷核聚变现象于1989年被美国和英国的研究人员发现，一经公布便举世瞩目。将钯和铂的电极插入注满重水的玻璃容器中，电解后，得到的能量超过电解产生的能量。“试管里的太阳”一时成为热门话题，但此后经过大量重复实验发现，该现象的可重现性很低，因而这又被认为是一桩科学疑案。

日本也在1994～1998年由新能源产业技术综合开发机构（NEDO）立项，进行重现实验，同样未能证实产生超热。2001年，三菱重工不再采用上述电解方法，而是让氘气通过钯多层膜，从而成功发现了“核嬗变”。2005年，大阪大学将氘气注入钯纳米粒子之中，也成功发现了超热。

2015～2017年，NEDO重启该研究项目并成功让120克重的纳米合金材料产生了10瓦～20瓦的超热并保持了约1个月。一部分日本研究团队正坚持不懈地进行验证实验，他们坚信，有一天必将能够发现真相。

尽管目前还不能说冷核聚变的反应机制已经被完全解读，但只要能够进行稳定的控制，那么正如前文所述，核聚变发电就会彻底替代现有的能量来源，改变游戏规则。根据曾参与NEDO项目的丰田集团技术智库Technova的估算，冷核聚变的发电成本是1度电2.6日元，仅相当于目前火力发电的五分之一。倘若能源成本能够下降到这个地步，那么交通运输、物流、制造、原材料、信息、服务等各行各业的成本结构都将发生天翻地覆的变化。提升企业竞争优势地位的角度也将随之改变。

据Technova估算，到2025年，冷核聚变实用化能够为电动汽车的电热装置提供约5度电。因此只要一步一个脚印地进行研究，冷核聚变有可能会比使用高温等离子体的核聚变发电更早替代百万千瓦级的发电站。

017

供电成本上升

高耗电产业重新选址

回过头来看看眼前的能源问题，支撑火力发电站的输电基础设施的维护成本升高，存在着难以为继的风险。

由于可再生能源的普及超过预期，以大型火力发电设备为主力的国内外大型电机公司的业绩每况愈下。可再生能源成为主力电源的趋势造成的巨大影响，还波及了火力发电设备相关产业的运营。不仅火力发电站这一个“电源”难以存续，相关输电基础设施也自身难保。

日本的固定价格收购制度[1]到期之后，可再生能源业务将从单纯供电的模式逐步转变为多种业务形态。能够在所需场地内安装的小型太阳能装置将会越来越多地专注于自用消费；而分布于各个地区的大型太阳能发电站和风力、生物发电，则重点关注周边地区，实施能源地产地销。

随着蓄电池等能量储存设备的价格逐渐下降，供电日趋稳定，这类地产地销模式的可行性也将得到保证。而在过去，以可再生能源为主体的当地能源交易很难维持供求平衡。

自用消费和能源地产地销的发展将会降低远程输电线路（超高压电线）的使用率。目前争论的焦点在于如何维持输电线路维护成本上，因为在某些情况下，可能会出现电费上涨加重用户负担，或是追加投资不力，导致输电线路本身难以为继。

跨区域输电成本上升，可能会让调整选址成为高耗电产业一个迫在眉睫的问题。过去，精炼铝产业在电费昂贵的日本无法生存，曾被迫集体搬迁至巴西等使用水力发电、成本低廉的地方。而今，日本国内的一些企业或将出现新一次的搬迁。

一些输电基础设施维护问题已经显现出来。在家用太阳能发

[1] 固定价格收购制度（FIT，Feed-in Tariff）于2012年由日本经济产业省颁布实施，即在一定期限内以固定价格收购的方式对市场进行调节，缓解可再生能源的成本高于火力发电等其他发电方式的问题，促进太阳能、风能等可再生能源的普及。收购所需费用将计入电费，由国民承担。——译者注

电系统已经高度普及的美国，几年前就有人指出，死亡螺旋[1]是造成输电网维护危机的原因。

美国借助所谓净计量电价政策（Net Metering）制度在很多地区推广普及了家用太阳能。这一政策以自用消费为基础，多余电量可以抵扣购电费用。如此一来，消费者缴纳的电费减少了，但电力公司收取的电费却不足以抵消输电网的维护管理成本。这种恶性循环在送电网络维护领域被称作“死亡螺旋”。如果这种情况得不到改观，那么电力公司将无力对输电网进行维护。但因为部分用户不具备安装太阳能的条件，所以就全社会而言，输电网依然不可或缺，如何在普及家用太阳能的同时兼顾输电基础设施维护，将会成为制度设计的一大课题。

日本也出现了类似的问题。纳入固定价格收购制度的可再生能源在收购到期后，经过部分设备折旧更新，将能够转化为零燃料费用的低价电力。如果采用能源地产地销的方式，利用电力公司的输电网向附近的用户供电，那么加上全国统一定价的托运费[2]，其费用与电力公司的电费相差无几。

因而，推行能源地产地销的地方政府呼吁托运费要根据用户距离的远近打折，也就是输电距离短，托运费就应该便宜。但目前这种折扣制度尚未提上议程。这种制度行不通的一个显而易见

[1] 死亡螺旋（Death Spiral），即债务持续上升，但经济无法增长的状况。——译者注

[2] 电力公司借用其他公司的输电网线向所需家庭提供电力时，向输配电公司支付的费用。——译者注

的原因就是，如果采取“距离折扣”，那么输电距离越远，托运费就势必要水涨船高。

美国的死亡螺旋及日本关于用户距离折扣制度设计争论的前提，都是输电线是不可或缺的社会基础设施，不论是自用消费还是发展能源地产地销，一概如此。

然而，今后随着蓄电池等储能设备的成本进一步下降，或将出现不连接电力公司输电网线的完全自主型的太阳能自用消费模式，或是使用自营线路的区域微电网。当“脱离”电力公司输电网变成现实，电费等旧制度将难以确保输电网的维护成本。那时，真正意义上的死亡螺旋将开启，日本各大输电基础设施将会迎来生存危机。

018

超人化

社会能否容许员工变成超人

继航天、军事和能源之后，让我们转向与人类等生物有关的领域，介绍一下该领域改变游戏规则的科技——超人化。

美国的新创公司Halo Neuroscience研发的Halo Sport品牌耳机引起了体育界的关注。其外观只是一副普通的头戴式耳机，但头带部分安装了设备。佩戴时，预置在与头顶相接触位置的电极会发出微弱电流，刺激大脑的运动皮层。据研究，这种刺激与训练结合，对运动能力的提升效果要优于一般训练。

这件装置虽然看上去古怪离奇，但实际上已经被美国职业棒球大联盟（MLB）、奥运会参赛选手等众多顶尖运动员采用。Halo公司的创办者主要由斯坦福大学医学院的研究人员组成。他们把电流对大脑的刺激称为“经颅直流电刺激”（tDCS，transcranial direct current stimulation），并希望将该方法应用于运动功能障碍的治疗和康复训练中。Halo公司已经在体育训练中实现了tDCS的应用。该公司称，在美国滑雪代表队为期11天的训练中，使用耳机的小组的跳跃能力比不使用耳机的小组提高了13%，并且达到目标成绩的用时缩短了5天。这证明了电流刺激对脑部活动的介入有助于提升运动能力。

Halo公司的耳机象征着利用科技强化人体能力的超人化手段已经进入了新的阶段。无论是激发潜能，还是为人体替换更为优良的新“零部件”，科技已经在向这些曾经困难重重的目标前进了，而且并不仅限于体育领域。技术作为超人化的必要因素，正在以器官再生、转基因等生物领域，电动假肢、动力外骨骼等电子机械领域为核心，不断进步。今后，科技造就的超人化很可能将大幅改变有关开发人类能力的社会共识，对社会和商业造成影响。

舆论大多认为，就实现长寿、延长健康寿命等人类自古以来的夙愿而言，科技造就的超人化是一个喜讯。在帮扶老年人、身体残障人群融入社会，实现社会多样性方面，超人化也将发挥重要的作用。但另一方面，我们也能够预见到诸多风险。

最大的担忧在于伦理层面。科技造就的超人化的底线究竟在哪里？这一命题尚无定论。借助新技术获取的能力很可能不符合伦理观念，或是遭到社会的批判。反之，倘若科技造就的超人化能够得到社会的普遍认可，那么就意味着曾经对商业引进举棋不定的企业贻误了商机。

这类问题最先显现在追求人体能力极限的体育领域。体育领域禁止采取服用肌肉增强剂或兴奋剂等药物的方法来增强身体能力，而现如今，人们还需要探讨如何应对与以往截然不同的、另辟蹊径的超人化技术。换言之，也就是如何应对技术禁药的问题。

例如，大约10年前，运动员依靠可以降低水阻的鲨鱼皮泳衣，在游泳项目上刷新了多项世界纪录。顶尖运动员人手一件鲨鱼皮。但这样一来，选手的优势就取决于泳衣是否使用了更高性能的材质，这引发了争议。最终，考虑到竞技的公平性，鲨鱼皮泳衣被禁止使用。

运动员疲劳恢复方法方面，也出现了相似的情形。胶囊型液氮冷疗舱能够瞬间降低身体温度，加快疲劳恢复，这种名叫“冷冻疗法”（Cryotherapy）的技术已经成为一种在顶级体育竞技中受众越来越广的先进恢复方法。同样是出于公平性的考虑，这一方法被奥运会限制使用。

禁用药物兴奋剂的背景不仅涉及公平性的问题，还有对损害运动员健康的考量。譬如，本节开篇所介绍的tDCS向大脑施加刺激的做法是否会有害健康，当下还没有定论，因而难以判断今后的发展趋势。

安装假肢的运动员是否应该参加奥运会，这在残疾运动领域存在争议。争议的起因是安装假肢的运动员在田径赛场上追平了健康运动员的纪录。不妨做一个大胆的假设，假如安装了假肢能够跑得更快，并且这些运动员能够和健康人在同一个平台一较高下，那么难保一些健康运动员不会为了金牌而选择自断双腿。这种事情能够得到社会的容许吗？类似的争议将在所难免。

兴起于体育最前沿的争议，很可能在不久的将来改头换面，同样出现在大众商业领域。例如有报告显示，tDCS不仅能够改善运动功能，还能够提升学习能力和记忆力，或将被广泛应用在企业研修等各种知识技能的学习过程中。再者，依靠技术进步用假肢取代正常的四肢，或许就能够以10倍于他人的速度完成工作。待到那时，企业和社会是否会容许员工选择成为超人呢？

这听上去犹如科幻电影，但在当下却极富现实意义。面对人类势必要利用科技实现身体和感官进化升级的未来，我们准备好了吗？

019

健脑药物和虚拟成瘾

科技是否会毒害人类

判断科技对人类的利弊已经成为一个刻不容缓的问题。例如健脑药物和虚拟成瘾，尽管不至于像超人化那样过激，但也是切实存在的问题。

健脑药物是一个统称，原本大多指的是用于提高记忆力和注意力、治疗睡眠障碍等疾病的药物。由于其中含有刺激脑部中枢神经的成分，具有产生副作用和依赖性的危险，并不适合健康的应试学生服用。

该类药物原本需要医生的处方才能买到。但现在，个人在无处方的情况下也能够从海外购买。在一些购物网站搜索“海外直邮”，便会弹出这类药物，可谓琳琅满目。日本的厚生劳动省正在计划禁止没有获得药监许可的个人从海外购买此类药物。

所谓虚拟成瘾，指的是一种一旦长时间脱离网络便焦躁不安的状态，可以说是曾经的网瘾、电游上瘾的最新版本。随着虚拟现实（VR，Virtual Reality）游戏技术日臻发达，将有越来越多的人不再满足于现实生活。

科学技术与人类健康的关系是一个由来已久的话题。今后，每当有改变游戏规则的科技问世，人们都必须思索，它可能会对人体造成怎样的副作用。但正如前文所述，渴望增强自身力量的个人，很可能会铤而走险。

020

食品技术

人造肉能否化解人类的粮食危机

食品技术是根据食品和科技的融合这个含义创造出来的新

词，例如利用IT技术进行农业、水产业经营管理，培育植物细胞和动物干细胞制造同食用肉口感无二的人造肉，乃至全自动烹饪机器人技术等，与食品有关的广大商业领域均包括在内。

眼下备受瞩目的，是有可能化解人类粮食危机的人造肉。根据美国联合市场研究公司预测，2018～2025年全球肉类替代品市场将保持年均7.7%的增长，2025年市场规模将达到75亿美元。

2013年，荷兰马斯赫里斯特大学教授马克·波斯特（Mark Post）在伦敦举行了世界第一个人造肉汉堡试吃会，引起举世瞩目。这宣告了人造肉研发正式启动。美国、以色列等国家和地区的食品技术创业公司随之遍地开花，以植物为原料的肉馅、火腿及人造鸡肉被源源不断地提供给汉堡生产线和餐馆，其中一些覆盖全美2万多家超市，成为炙手可热的商品，这些汉堡饼都是用植物蛋白制作的。日本的各大商家也正在商讨是否要在日本国内开展销售。

人造肉研发能够在短时间内取得进展并渐次投放市场，得益于纷至沓来的大型企业和投资者，他们认为这项技术大有前途，因而不吝斥资。麦当劳前首席执行官（CEO）唐·汤普森（Don Thompson）就成功转型为人造肉创业公司的董事长，微软创始人比尔·盖茨（Bill Gates）也向这一技术投入巨资。

诚然，人造肉乍一看完美无瑕。看上去它不仅能够让现在低效的肉食生产、流通系统更为合理，还能够削减成本；生产工序干净卫生，降低了感染疯牛病或禽流感的风险；细胞培育不受土壤影响，也无须种植饲料或处理粪便，从而减轻了环境负担；不必屠宰动物，人道主义、道德问题也随之迎刃而解。甚至有研究指出，植物人造肉低脂低热，较之于猪肉、牛肉更有利于身体健康。

人造肉集这些前途一片光明的优点于一身，那么食品加工、餐饮等代表行业的大批企业必将为之心动。然而，食品技术也是技术，是技术就有风险，人造肉也不例外。

其一是如何平衡成本与质量。现在，美国餐馆使用植物肉汉堡饼的汉堡，每餐价格约为20美元。随着需求的增长，预计能够降至10美元左右，但能否实现，尚存疑问。即便未来会有更多素食主义者的支持，以及人们对健康养生热潮的追捧，但这些能否形成稳定的需求呢？研发既能控制生产成本又能像动物肉那样美味的植物肉，将是一个重要的课题。

其二是如何打消消费者对借助细胞培养这种技术制造出来的人造肉的顾虑。就像“非转基因食品”的标牌在超市越来越常见，提高技术和生产工序的透明度，向消费者做出合理的解释说明，将成为进一步推广人造肉的关键所在。

此外还有许多亟待跨越的障碍，譬如尚未明确的食品安全标准，在构建生产流通系统时与现有肉食品行业之间进行必要的协调等。或许，我们还是应该用冷静而长远的眼光来看待人造肉的未来。

021

科学研究与试验发展后劲不足

企业赚钱能力锐减，国家竞争力下降

据《日本经济新闻》2018年5月2日报道，除金融行业，2018年3月日本上市公司的销售总额和利润均创下历史新高，日本企业具有强大的赚钱能力。然而，一个现实状况却有可能渐渐拖垮日本企业，让日本的全球竞争力加速衰退，甚至陷入万劫不复的境地。这便是科研能力下滑。

科研能力是企业和国家竞争力的源泉。由大学和官方研究机构、企业研究部门潜心研究的科研主题被广泛应用于提高现有产业的生产能力、增加收益及创造新产业等方面，从而提升企业的效益，增加国家GDP。然而科研能力下滑导致这种正向效应日渐萎缩，更别谈如何改变游戏规则了。

只需看看科技论文的数量和水平评价，日本科研能力下滑的情况便不言自明。根据日本文部科学省科学技术和学术政策研究所的分析，过去10年内，日本论文发表数量停滞不前，从世界第二下滑到了第四。被引用的论文排名则从第四跌至第九。一直以来自诩技术立国的日本，或许很快就会掉到10名开外。高被引论文数量少，只能说明论文的质量差，换言之就是科研水平落后。

从不同的领域来看，日本所面临的状况的严重性更是一目了然。在工科领域，日本的高被引论文世界排名从第五跌至第十三，可见日本号称强大的汽车、机械、电子产品等产业存在竞争力下降的隐忧。在同有望成为新产业核心的AI、大数据等IT产业密切相关的计算机、数学领域，日本的排名也下降到了第13位。同样，发展前景大好的生命科学相关的临床医学、基础生命科学领域，排名也已跌至第10位。

世界主要国家科研活动愈加活跃是导致日本排名下滑的一个重要因素。美国领衔，德国、英国、法国等欧洲主要国家的论文数量在过去10年内增长了30%～40%；至于中国，则增长了4倍多，凌驾于日本之上；韩国也翻了一番，在日本后面紧追不舍。科研越活跃，论文数量就越多，其中高质量研究论文的数量自然也就越多。尽管不能一概而论，但由此观之，欧美主要国家和日本以外的亚洲主要国家的世界排名上升，也就不难理解了。

日本究竟能否采取对策突破现状？可能性依然是存在的。只要破除日本科研能力发展的阻碍因素即可。例如，大学发表了日本超过70%的论文，并且支撑着日本的科研工作，因而应当充分调动大学的积极性。目前，研究人员缺乏自由研究的研究费用和时间，青年研究人员迫于生计，有志于科学研究的人越来越少，这些问题都阻碍了科研一线的积极性。

科研活动活跃的海外，有很多值得日本学习的地方。首要一点便是科研活动国际化。德国、英国、法国的论文数量逐年增长，维持着较高的世界排名，但作者在本国发表的论文数量基本没有变化，与外国科研机构的合作论文增多。这种方式更有助于提高科研的数量与质量。日本与海外机构的合作论文虽然也在逐年增长，但增长率与欧洲主要国家仍存在差距。观察高被引论文可以发现，与海外机构合作研究的论文占比较高。加强与海外机构的合作，有望调动科研人员进行科研活动的积极性，提升科研水平。

另一个行之有效的策略是增加学校与企业的联合研究，将资金、人才等科研资源引入大学。与美国的重点大学相比，日本的大学从企业得到的研究经费少得可怜。例如，麻省理工学院每年能够从企业募集到100亿日元以上的研究经费。有人指出，大学吸引企业的关键不单单是高水平的科研能力，还要有把握企业需求并以此串联大学科研课题（生产驱动方案）的机制，并且要配备专业的负责人。对于企业来说亦是如此，这样的联合研究既能充分利用大学资源，又可以提高本公司的科研能力。

022

技术预测的谬误

失去机会就是失去事业

面对未来，应该如何让科技与产品、服务相结合，创造出新的价值？这是众多企业所背负的现实问题。而技术预测是寻找解决方法时必不可少的一项工作，一着不慎便会错失良机，甚至最终丢失主干事业，不得不退出市场。试想即将迎来自动驾驶技术革命的汽车企业等活生生的具体案例，技术预测的重要意义不言自明。

不过，技术预测存在着诸多陷阱。首先，传统型的各领域技术专家集体做出预测，可信度究竟有多高？这些预测展示的大多是技术潜力，但却无法说明技术进步的具体时间和实际程度。目前人们还没有认识到，没有“燃料”，科研就是无源之水。

所谓“燃料”，就是科研所需要的人才、资金等资源。只有投入这些资源，技术才能进步。进步的速度依赖于投入量，而这种投入量又取决于研发该项技术的预期利润。总而言之，技术进步的速度与投入量息息相关，投入量又与市场规模的大小、利益的多寡密不可分。

因此，如果要预测技术进步，就必须要预测技术会创造怎样的市场，以及市场的前景。这项工作只凭技术专家是无法完成的，这就是仅由技术专家群体做出的预测不可信赖的原因。

另外一个是关联情况。技术常常会突然之间呈指数爆发性发展——虽然多数情况下技术进步受市场牵引，但其发展过程却不呈直线。众所周知，商品推广及市场增长的过程通常近似于一种被称作Logistic函数的s型曲线，s型曲线上升的部分表示的就是指数增长。如果市场扩大的情况近似这一曲线，那么与之联动的技术进步极有可能也是呈指数增长的。

然而，生活中不计其数的市场预测和技术预测大多是“年增长率百分之多少”的直线型增长预测，很难做出“当前变化幅度不大，3年后将开始迅猛发展”之类的预测。但这种片面的线性预测，将成为误判技术进步速度的陷阱。

此外还有另一个陷阱。人都有一个坏习惯，那就是在预测时会掺杂“希望如此”“理应如此”等主观愿望。因此，如果某项技术进步是破坏既有产业的致命因素，那么相应预测就会非常保守。反之，如果企业希望某项技术融入既有产业，就会更倾向于做出激进的预测，并据此制定产业计划。

举一个典型的例子：对自动驾驶汽车实际应用时间的预测，汽车行业认为其未必会受到消费者的欢迎，因而立场保守；而其他行业则将其视为良机，希望分一杯羹。二者观点不同，采取的行动也很可能大相径庭。

技术变化，不时会引发行业巨变。数码照相机取代胶片照相机的时候，所发生的一切仍历历在目。所以，哪怕这样的巨变是消费者喜闻乐见的光景，对于鼠目寸光的企业而言，那也似乎只是一场噩梦罢了。

023

绝对禁止军用

军用与民用的界限在哪儿

2017年3月24日，日本学术会议发表《关于军事方面安全保障研究的声明》，延续了1950年公布的绝对不进行以战争为目的的科学研究的声明。

学术会议在此次声明中表示："科研成果有时会偏离科学家的初衷而被挪用于军事目的，甚至被用于攻击性目的，因此应在科研的初始阶段，就要对科研经费来源等进行慎重判断。""对于可能被认定为军事方面安全保障研究的科研项目，应从目的、方法、应用的合理性等观点出发，对其合理性进行技术和伦理审查。"

凡是科学研究，就存在不确定性。即使日本规定科研经费只能由文部科学省预算和民营企业提供，而且也没有实施任何"可能被认定为军事方面安全保障研究的科研项目"，其成果依然有可能被挪用到军事上。相反，也有一些研究虽然经费涉及军事，但研究成果却为民间所用。前文的GPS、自动驾驶等，虽然只是一种技术，还称不上是科学，但其发展的契机之一便是美国国防部提供了资金。

资金来源涉军，可未必会用于攻击性目的。美国国防部及陆军、空军、海军、海军陆战队四大军种均向美国大学和民间科研机构提供资金，但其目的是研究哪种技术将有可能改变游戏规则，而不是为了直接推动武器研发。武器研发均另有预算。

总之，大学、科研机构及企业内的科研工作者和技术人员，很难从根本上断绝与军事的关系。而就在日本不懈努力地切断军事关系的时候，进行"攻击性目的"科研的其他国家或许已经拿出了有利于民间创新的成果，在商业领域（而非军事领域）占据了优势地位；抑或利用军事预算在民间不可投资的领域创造出了面向未来的科技成果。

科学和技术本身就蕴含着风险，仅仅采取绝对不进行危险科研的态度，根本无法规避风险。

024

线性电机和氢能社会

究竟是美梦还是噩梦

能够改变游戏规则的科技，必有风险如影随形，因而必须要在挑战风险的同时妥善管控风险。如果已经断定风险将过度膨胀，且一旦爆发人们将无力承受，那么就要痛下决心放弃挑战。

但常常有人说："都已经决定开始了。""干都干了，就想方设法干到底吧。"当断不断，反受其乱。

《日经商业》杂志2018年8月20日号曾刊载了题为《线性电动机新干线，是美梦还是噩梦》的特辑。隧道施工的难度、环境问题、投资收益率、东海道新干线绕城线路的必要性、技术层面的安全性等，在线性电动机新干线建设中，诸多要素错综复杂，已有众多工程公司和电机厂商参与到了线性电动机产业中，事到如今已经没有回头路可走。但这项事业无疑存在着巨大的风险。

2017年12月26日，日本政府发布"氢能源基本战略"。资源能源厅的说明文件中写道："力争实现氢能源成本与传统能源

（汽油和液化天然气）成本持平。在这一共同目标之下，跨部门综合统筹相关政策，贯彻到氢能源从生产到使用的各个环节中。以基本战略为基础，实现零碳氢能，让氢能成为新的能源选项，同时发挥日本的优势，带动全球的零碳潮流。”

氢燃料电池汽车是一项让人梦寐以求的技术，不过这个梦是汽车厂商的梦。实现这个梦不仅需要卓越的制造工艺，而且门槛很高，这些都导致氢燃料电池汽车售价居高不下。然而对于购买车辆的使用者而言，这项技术一无是处。而且由于要相应设置加氢站，城市基础设施的成本和风险也会随之增加。氢燃料电池汽车在行驶时也许是零碳，但在制造氢能的阶段还是要使用电力的。

下面这段是我们不希望看到的情景：全球紧锣密鼓地推动电动汽车取代燃油车，对日本的行动视而不见。日本不得不紧随其后，然而公共资金已经投向了氢能，非但不能叫停，而且还要追加投资。最终日本仍免不了放弃，公款也好，氢能科研事业也罢，统统付诸东流，甚至日本企业的国际竞争力也被削弱。

线性电机和氢能的推动者会驳斥说：“当初新干线也曾被批评是考虑欠妥。”“燃油车刚面世的时候，也有人说它危险。”此一时彼一时，未来更是截然不同的。我们需要一种机制来明确全球的情况和脚下的进程，来判断是否应该继续前行。这并不仅仅是线性电机和氢能源的问题。

第四章 ESG风险

环 境、 社 会、 公 司 治 理 的 新 规 则

作者一览

日经 ESG

藤田香

相马隆宏

田中太郎

马场未希

半泽志

日经 BP 综研 清洁技术实验室

中西清隆

中道理

日经 BP 综研 中坚及中小企业实验室

宫坂贤一

日经 BP 综研 理念管理实验室

谷岛宣之

025

争夺认证产品

注重采购的可持续性

越来越多的企业和个人买家对节能型机器设备、节水厕所、电动汽车等日本企业引以为傲的环保产品说“No”。即使产品的环保性能再好，可一旦该产品包含的零部件被曝光使用了非法砍伐的木材，或是原材料产自雇用童工的黑作坊，那么生产厂家轻则受到企业买家的警告，重则被迫中止合作。关注这些存在于供应链上游的环保问题和社会责任，成为让买家选择自家企业的必要条件。

为了让企业对环境和社会的关注能够合乎标准，能够被买家选中，一个有效的方法是使用经过第三方认证的原材料，也就是认证产品。有很多国际认证制度都规定了环保和社会责任的标准，并且具有认证资质。代表性的制度有：证明纸张、木材等产自具有可持续经营能力的森林的FSC（森林管理委员会）认证和PEFC（森林认证体系认可计划）认证；证明广泛用于洗涤产品界面活性剂及食品的植物油脂棕榈油在生产过程中保护了森林生态和工人权利的RSPO（棕榈油可持续发展圆桌会议）认证等；水产资源有证明捕捞活动未对海洋生态造成破坏的MSC（海洋管理委员会）认证；农产品方面有雨林联盟认证[1]和JAS（日本有机农业标准）认证。

然而，由于通过认证的产品数量有限，企业之间势必要展开一场争夺战。注重发展可持续性经营的欧美企业早已垄断认证产品，其结果就是存在环境、社会问题的原材料流入其他国家市场的风险更高了。例如木材，据日本林业厅2016年木材供求表显示，目前日本木材自给率已跌至35%上下，占市场多数份额的进口木材中，掺杂了从治理水平较低的国家进口的木材。环境NGO（非政府组织）地球人类环境论坛指出，其中“非法木材超过一成”。尽管日本颁布了《促进合法采伐木材流通与利用法实施法案》，建立了对使用合法木材的企业实施认证的注册制度，但注册是自愿性质的，因此不能彻底排除违法木材在国内流通的可能性。水产资源方面，根据英国帝国理工学院公布的调查结果，全球捕捞量的13%～31%是非法、不报告、不受管制（IUU，Illegal、Unreported、Unregulated）的捕捞所得，其中一部分也流入了日本市场。

因为认证产品原本大多参照的就是欧美企业与NGO合作制定的标准，所以欧美企业可以轻易实现对原材料的垄断。例如在全球棕榈油市场，RSPO认证的棕榈油仅占20%多一点，而且还被欧美的食品厂和化工厂大量采购。在日本，购买认证棕榈油

[1] 又称青蛙标志认证。雨林联盟（Rainforest Alliance）是一个非营利性的国际非政府环保组织，旨在保护生物多样性和实现可持续生态发展。——译者注

的主要是化工企业，食品厂已经迟到了一步。认证产品的进货渠道虽然有保证，但由于企业需求量过低，讨价还价时便没有主动权，造成了成本偏高的难题。

如若未能购得认证产品，而使用了涉及环境问题或人权等社会问题的原材料，那么就存在着违法的风险。不仅会被买家终止合作，还有可能遭遇消费者的抵制和NGO的抨击，给企业品牌造成毁灭性的损害。日本的大型食品厂商和消费品厂商都曾因为没有使用经过可持续认证的棕榈油而收到了消费者表达不满的邮件和来电，甚至有些厂家还被NGO悬挂了抗议横幅。

没有购买认证产品，甚至还会让养老基金等ESG投资者降低对企业的评价，增加企业引进资金的难度，在极端情况下，还有可能导致投资者撤资。例如2012年，欧洲部分国家的政府养老基金认定23家棕榈油相关企业生产或采购的棕榈油存在高毁林风险，并因此撤销了投资。

当然，获得认证并非唯一途径。只要开诚布公地向客户、消费者或投资者展示原材料生产过程中对环境保护和社会义务的尊重，妥善制定本公司标准并做出承诺，那么不是认证产品也无伤大雅。

认证对象并不仅限于农畜水产品，还有例如“冲突矿产规则”。电子、服装等各行各业在采购原料和零部件时，都必须要注意环境和社会影响。“冲突矿产规则”规定，由于刚果民主共和国及其邻国出产的金、锡、钨、钽成为地方武装的资金来源，这一情况涉嫌侵犯人权，因此相关产品应公开表示是否使用了上述矿产。为了规避风险，欧美的电气、电子企业及服装企业会搜集委托工厂和供货商工厂的信息，努力进行环境和社会方面的监督。

与上述注重采购可持续性的举措相比，日本的企业仍有很大差距。将于2021年开幕的东京奥运会针对木材、农畜产品、棕榈油、纸等原材料，均制定了可持续性采购标准；针对所使用的其他材料，也要求依据可持续性采购条例，关注环境和人权。原材料采购的风险管理刻不容缓。

026

水旱灾害

物质层面与法规、声誉层面的考量，缺一不可

世界经济论坛每年1月发布《全球风险报告》。近几年来，在风险影响力排名中水资源危机必定位居前列。水资源危机大致分为旱灾与水灾两类，旱灾会导致生产的必要用水得不到保障，水灾则会中断工厂的正常运转。这些都是企业必须要直面的问题。

经济合作与发展组织（OECD）预测，在新兴国家和发展中国家人口增长等背景下，2050年，全球约40%的人口将面临严重的干旱问题。对于在从来没有缺水之虞的日本发展产业的企业而言，得知这番预测之后可能并不会有太深刻的体会。不少企业

觉得，缺水是中国、印度这些国家的事情，与日本无关。然而，日本国内的部分地区每逢夏季也会受枯水期影响，限制用水。东京的总公司对这些事情无从知晓，但位于当地的企业一线却要想方设法克服缺水的难题。

同样，日本也会遭遇水灾侵袭。2018年9月第12号台风引发巨浪，导致关西国际机场关闭1个小时。气候异常所造成的暴雨和超强台风在世界各地频频发生，如2011年泰国暴发特大洪水，造成当地供货商的零件供应陷入停滞。

经济全球化推动企业在海外建立生产和销售网点，从海外采购原材料和零部件。如今，放眼整个供应链，不曾走出国门的企业寥寥无几。因此对于大多数企业来说，检查本公司海外网点是否存在遭遇旱灾或水灾侵害的风险，并据此采取相应的对策，已经是促进企业可持续增长不可或缺的手段。可能某些时候，企业还要搬迁工厂或调整供货方。比如食品厂商，一旦干旱造成农产品原料产量锐减，就将直接遭受沉重打击。

应对水资源危机并不是一个简单的物质层面的问题，还必须考虑到法规与企业声誉。例如，企业必须按照排污规定的要求引进污水净化设备，否则就是违法。又比如在干旱地区肆意浪费水资源，很可能会招致当地居民的批评，引发抵制运动，最糟糕的情况是被告上法庭。

棘手之处在于，不同地区水资源风险的类型和程度相去甚远。如果不亲赴当地对河流流域进行考察，不亲耳聆听当地居民的呼声，那么企业不仅对问题一无所知，解决问题时更是无从下手。这可不是把某一地成效显著的最优实践，在另一个地区依样画葫芦就能万事大吉的。

应对水资源危机的出发点，不只是企业的事业存续。由于ESG投资不断扩大，如若未能及时应对水资源危机，还可能会降低那些长期持有企业股份、身为稳定股东的ESG投资者对公司的评价。

与对气候异常信息一样，对水资源危机相关信息透明化的呼声越来越高。例如，CDP（碳排放披露计划）是一个总部位于英国伦敦的非营利组织（NPO），该组织从2015年开始对企业的水资源措施进行调查、打分，并公布打分结果。CDP的活动得到了管理资产总额达87万亿美元的650多位投资者的支持，其评价也被用于投资判断。如果不能站在整个供应链的高度把握各类水资源风险，并采取万无一失的对策，企业将很难获得一个良好的评价。

027

挑选物流公司

司机短缺导致货物积压

日本企业无法按自己的需求运送货物的时代，可能马上就要来临了。在日本，卡车司机短缺且持续老龄化。司机有效求人倍率[1]连续3年超过2倍，2018年3月高达2.95倍，2倍于全行业的平均水平。

然而另一方面，网购的发展如火如荼，物流量直线增长。日本国内快递配送的包裹数量在2016年突破40亿个，2017年进一步增长了7.3%。此外，重复派送也是一个严重的问题。据统计，约两成快递是重复派送，因为重复派送每年的浪费时间约为1.8亿个小时，工作量约9万人次。

由于重复派送，卡车将多排放约42万吨二氧化碳。联合国签署的应对全球变暖的国际框架公约《巴黎协定》于2016年开始生效，对二氧化碳排放征税，设置排放上限并引进碳排放交易制度等，这些举措都将制约企业的效益。

今后，司机短缺还可能造成更大的危机。美国波士顿咨询公司预测，2027年日本卡车司机岗位将出现24万人的缺口。据该公司统计，目前日本司机人数为83万人，但随着人口老龄化和后备司机数量减少，司机人数将下降至72万人。相反，货物量却在增加，司机需求量将达到96万人，据此得出缺口为24万人，占需求量的24%。

转变运输模式，用铁路、船运替代卡车运输，或是放宽规定限制，允许公交或出租车在载客的同时配送货物，杜绝重复配送等措施，都很难根除这一危机。

---

[1] 有效求人倍率即有效需求人数与有效求职人数之比，“有效”即招聘或求职的有效期限，通常为2个月。——译者注

眼下，大多数物流公司的运费都在上涨，这使得企业的物流成本负担不断加重。如果不给物流公司增加运费，有时甚至会被终止合作，还会衍生出货物配送不及时或配送错误等问题。

为了减轻司机的负担，今后可能越来越多的物流公司会给货物设限。这样一来，未来就是发货企业任人挑选的时代了。习惯于将繁重的货物装卸工作一股脑儿丢给物流公司的企业，很可能会被拒绝配送。

这种影响不仅限于寄给客户的货物，还会波及原材料和零部件采购。如果不能按计划收到原材料或零部件，就会耽误企业的产品生产。如果不能及时向市场提供产品，就会错失商机。

为了避免陷入这种困境，一些企业已经提前采取措施，提高物流效率。例如，几家企业共用1辆卡车运送货物的联合运输逐渐普及开来。本来，目的地、商品及商品数量等都属于商业机密，以往企业对与竞争企业联合运输的态度都很消极，但这种情况正在发生改变。

用商品的魅力赢得竞争，用互助协作化解物流难题——在这种思维方式的指引下，出现了多家企业共同出资组建物流公司的趋势。为了确保成为“被选中的发货企业”，顺利运送货物，企业还需要在提高物流效率方面进一步发挥聪明才智。

028

海洋污染导致塑料制品禁用

推广使用再生材料成为必然

塑料是生产生活的必需品，但大量使用塑料的企业正在成为众矢之的。因为被随意丢弃的塑料袋和塑料瓶等塑料制品，是造成海洋污染的原因之一。根据美国佐治亚大学研究团队的研究，每年流入海洋的塑料垃圾最多可达1270万吨。

公认最严重的问题是鱼类、贝类、鸟类等生物误食塑料垃圾，进而通过食物链影响整个生态系统。尤其是直径小于5毫米的塑料碎片和颗粒（被称为“微塑料”），很容易吸附有害物质，如果在生物体内积累，有可能造成严重危害。

微塑料并不全是洗面奶和牙膏里的磨砂剂那样的微型塑料颗粒，一些体积较大的塑料垃圾也会在紫外线和海浪的作用下分解为微塑料。因此，微塑料涉及的企业和产品极为广泛。

海洋塑料污染问题在G7会议和G20峰会上都被列为议题之一，其重要性已经是全世界的共识。2018年6月，在加拿大夏洛瓦举行的G7峰会上，参会各国签署了《G7海洋塑料宪章》。宪章提出，到2030年，要对55%的塑料包装实现回收再利用；到2040年，包括热回收在内，要能够百分之百地回收所有塑料。

颁布“限塑令”已经成为全球的潮流。“限塑令”针对的是塑料袋、塑料食品容器、塑料吸管、塑料餐具等一经使用即刻成为垃圾的一次性塑料制品。联合国环境规划署（UNEP）国际环境技术中心于2018年6月发布的报告显示，欧、美、亚、非超过60个国家或地区已经采取付费使用，征税，禁止制造、销售、使用等手段，限制使用塑料制品。

在这种潮流的影响下，一些世界级的大型餐饮企业已经做出了废除塑料吸管的决定。对儿童及残障人士等需要吸管的顾客，提供纸质吸管来替代塑料制品。此举虽然响应了“限塑令”，符合社会舆论，但成本上涨不可避免。

限制塑料的影响将从使用一次性塑料制品的物流、餐饮、食品及日用品厂商等供应链下游，波及产品包装、材料厂商等上游产业。对于材料制造商而言，塑料原料的需求量势必减少，这将促使他们研发能够在土壤和海洋中自然分解的可降解塑料等新产品，以弥补减少的销售额。

造成海洋污染的塑料垃圾并非只有塑料袋和塑料瓶，每次洗涤化纤衣物时，也会产生塑料垃圾。此外，汽车轮胎也会由于磨损向周围环境释放塑料粉尘。

如果消费者对海洋塑料污染的关注度进一步上升，那么未来汽车、家电在使用塑料时，也可能会受到限制。

可以想见，投资者也会关注海洋塑料污染，企业如何应对这一问题，将会成为投资的依据之一。诚然，企业不可能直接禁用所有塑料制品，但至少要采取增加再生塑料用量等方式，努力减少塑料垃圾。

029

石棉“2028 年问题”

现有建筑迎来拆除高峰，石棉飞散事故激增

2005年6月，日本有媒体曝出曾隶属于大型机械制造商久保田神崎工厂（尼崎市）的前雇员及周边居民，因吸入石棉而罹患间皮瘤和肺癌，大部分人死亡。这便是让全日本见识到石棉恐怖之处的“久保田冲击事件”。此后13年来，石棉危害波及的范围越来越广。预计到2028年，石棉问题将达到最为严峻的顶峰。

首先要确认目前的危害状况。日本政府从2006年3月开始实施《石棉健康伤害救济法》，向受害者支付治疗费用。被认定为救济对象的受害者及遗属总计超过1.2万人（截至2018年3月）。看看这个数字，受害程度之大，一目了然。而且有些人得的是肺癌，这不像恶性间皮瘤那样病因基本直接指向石棉，吸烟等其他原因也有可能诱发肺癌，增加了受害认定的难度，所以实际受害人数可能不止这个数字。

石棉是一种天然矿物纤维，兼具耐热性和防水性，并且具有良好的可塑性，曾被誉为“魔法物质”，多用于建材和工业制

品。日本国内总计使用了约1000万吨，其中八成以上用于建筑材料。据说在顶峰时期，石棉还曾被用作内饰材料，涂抹在住宅的墙上以提高格调。

但是这种便捷的背后，是对人体的巨大伤害。1972年，世界卫生组织（WHO）和国际劳工组织（ILO）指出石棉具有致癌性；1980年，WHO将石棉认定为致癌物。直径仅有发丝的五千分之一的细小石棉纤维在空气中飘浮，一旦被吸入肺部，则长时间无法排出，成为癌症的诱因之一。据研究，石棉的潜伏期很长，可能三四十年之后才发病。石棉在日本的进口高峰在1974年，这就是为什么明明日本2004年就已经禁止制造和使用石棉制品，但久保田冲击事件之后依然接连曝出石棉受害者，各地官司不断的原因。

大部分的石棉都是在建筑领域使用的，现如今，该领域的石棉问题已经逐步暴露出来。例如，因在施工期间暴露在工地的石棉里，诱发恶性间皮瘤和肺癌的89名员工或遗属，向疏于管理的政府及曾使用石棉的43家建材企业提出损害赔偿。东京高级法院于2017年10月对这起“建设石棉诉讼”案做出判决，判定政府和建材厂商支付总计约3.7亿日元的赔偿金。除此以外，还发生了多起石棉建材诉讼案，而且大部分被认定应由政府相关部门和企业承担责任。

今后我们关注的焦点是拆除建筑物时的石棉飞散事故。在日本，拆除或维修使用石棉涂层或含有石棉成分的隔热材料、保温材料、防火材料（石棉占总重量的0.1%以上）的建筑物时，必须提前向地方政府递交申请，并采取相应措施，防止粉尘飞散。虽然日本的《大气污染防止法》已经做出类似规定，但现实情况是相应措施的实施并不彻底。例如，2015年6月，东京都和东京都住宅供给公社被曝光自2008年以来，在对闲置的东京都经营住宅实施整修时，总计进行了70项违法施工。东京都政府在明知存在石棉涂料的情况下，仍未采取措施防止石棉飞散。

而后是“2028年问题”。到了2028年，大量建筑将达到使用年限，迎来拆除高峰。根据日本国土交通省的估算，总建筑面积少于1000平方米的小型建筑约有130万栋，其中可能有5%～6%使用了石棉涂层。如果不采取措施，野蛮施工很可能会让周边居民暴露在石棉之中。国家不但要强化法制管理，还要考虑拆除施工费用激增对经济活动造成的影响。

030

石油经济的尽头

告别“喝油”增长

20世纪被称作“石油的世纪”。不过进入21世纪后，石油的地位开始动摇。从20世纪80年代到2002年前后，原油价格始终稳定在每桶20美元上下。但2004～2008年，油价突然暴涨（2007年年底达到每桶100美元）。而后在2014年价格暴跌，此后持续低迷。2018年，在产油国协议减产和中东地缘政治风险的背景下，石油价格又猛然出现回升趋势。前所未有的油价波动意味着什么呢？

美国的石油产业起步于19世纪中叶。最初，石油是作为油灯燃料走入人们的视野的，因其亮度明显高于鲸鱼油和松脂而得以普及。

1885年，戈特利布·戴姆勒发明的汽油发动机在德国申请专利，这宣告了石油的能源地位。当时已经开始在美国等国家普及的汽车曾普遍使用酒精燃料，但随后逐渐被汽油取代。诞生于20世纪初的飞机也同样离不开石油。工程机械、船舶逐渐把煤炭换成了柴油。石油作为一种液体燃料，不仅易于处理，而且能够瞬间释放大量能量，从而造就了20世纪生产力的腾飞，让高速长途运输成为可能。

没有石油，就没有如今发达国家引领的20世纪世界经济的增长。而石油之所以能够发挥重要的作用，得益于其丰富的储量和低廉的价格。正是凭借着向机械化程度高的产业和交通基础设施毫不吝惜地投入石油这一高密度能源，才促成了经济突飞猛进的增长。

然而，这个经济基础开始崩溃了。

国际能源机构（IEA）每年都会发布一份名为《世界能源展望》的报告，其中2016年版刊登了一张让人触目惊心的图表——这张图表预测了2025年前的短期石油产量。图表显示，从2019年开始，世界石油产量将逐步减少，到2025年，2015年日均产量接近7000万桶的现有油田的产油量将减少至约5000万桶。报告还明确指出，“除非未来提出新的石油开采计划，否则2025年石油日产量将不足1590万桶”。

1974年，美国、日本等29个国家为了防范石油危机成立了IEA，目前它是全球最权威的能源调查机构。IEA警告称，现有油田的产量已经明显下降，然而对新油田开采的投资不足以弥补这些空缺。这几年，IEA屡次暗示产量出现下滑，最近更是直截了当地指出了。

然而，石油的庐山真面目很难被看破。尤其是对于中东产油国而言，石油关乎国家利益和战略布局，因而它们轻易不会透露真实信息。典型例子就是最大的产油国沙特阿拉伯，30年来沙特始终保持着如此巨大的产量，但其原油储量居然没有任何变化，实在是不可思议。

迄今为止，石油枯竭危机的警钟已经屡次敲响，但人们每次都会发现新的油田，石油总储量并没有减少。不过，此次IEA发布的产量下降预测中提到了储量减少，人们很难再把维持产量的希望寄托于新油田开发。毕竟，开发一座高性价比的油田本身也变得越来越困难。

近年，页岩革命等词汇彰显了非传统型原油（非自喷油田）不断提升的存在感。不过缺点是这种利用特殊技术从泥岩或砂岩中提取的页岩油或油砂的生产成本偏高，而在一定成本范围内可供开采的储量又十分有限。其产量随原油价格升高而升高，可见它与整个20世纪享受到的“廉价且丰富的石油”，完全是两码事。

另一方面，传统型原油中有很多新油田是巴西的那种海底油田，开采难度大，生产成本高。以往的廉价油田已经难觅踪迹。

本节开篇提到的石油价格波动，可以说是迄今为止世界经济（供求）和国际形势发展变化的缩影。但是，当油价本身不再稳定，那么对于世界经济而言，它就是新的风险。

在此之前，随着石油产量和储量下降的情势日趋显现，石油价格上涨的可能性不断增大。国际能源机构的预测暗示这些问题已经迫在眉睫。倘若油价持续居高不下，很可能会引发全行业制造和运输成本上涨，导致长期性的经济增长疲软。由此，20世纪的石油经济模式行将走到尽头。

031

电费居高不下

政府无法决定可再生能源与核电哪个更便宜

2016年，日本开始实施电力零售全面自由化，目的是通过自由竞争降低电费。然而，零售自由化发展推广的过程中也出现了一些事与愿违的情况。

根据国际能源机构统计，日、美和欧洲5个主要国家中，日本的工业用电价格最高（2015年数据）。显然，高昂的工业用电价格是削弱日本国内产业在国际的竞争力的重要原因。

眼下，电费下调的第一步，取决于能否在受竞争规律支配的市场环境中，合理地采购到低价的新电能。执掌其命门的是电力批发市场。如果连电力企业彼此间进行交易的电力批发市场都不存在竞争，那么更谈何刺激零售市场竞争。

日本计划于2020年采用“法定分离”手段将输电网线从普通电力行业（大型电力企业）的控制下脱离出来。但仅凭此举不足以营造充分的竞争环境。日本现有的发电设备大都是大型电力企业在区域垄断时期，以能够保证回收投资的总括原价方式[1]建立起来的。这是大型电力公司市场控制力的根源，也是它们不可放弃的资产。因此，相对于零售市场，批发市场更容易受到大型电力公司市场控制力的影响，这导致日本电力市场始终无法成熟起来。

2017年10月，根据日本电力和天然气市场监督委员会的调查，中部电力和关西电力的零售部门在关闭市场交易之后仍然把持着多余的储备电。储备电是为了满足紧急需求或防范发电设备故障而储备的电能，但是在市场交易即将关闭的时间节点，零售部门本没有必要再去确保所谓供求平衡的问题。大型电力公司有义务将多余的储备电投放到批发市场，但这两家公司并没有这样做。当时恰逢2017年夏天，电力市场价格暴涨。监督委员会在

---

[1] 该政策的基础是1964年日本政府颁布的《电气事业法》，即电力公司预先估算当年度供电的必要费用，然后以此为依据确定电费，目的是能够回收公司成本。该措施一方面保证了经营的稳定性，但另一方面由于缺乏竞争导致了区域垄断。——译者注

调查涨价原因的时候披露了这一情况。

在之前的2016年，东京电力公司以超出规定的价格将剩余的储备电投放市场，该行为被曝光后，该公司被指责是在操纵市场，并受到了“业务改善劝告”。

先行实施自由化的欧美也曾在过渡期遭遇如何让垄断者将其持有的电能投放市场的重大课题。在日本电力批发市场真正步入竞争的轨道之前，政府务必要落实引导性的制度和规则。

政府如果要做强市场机能，就要研究建设多个功能各异的新市场，譬如电力期货市场和有助于形成长期稳定的电力投资的容量市场等。对于任何一个新市场而言，运用制度设计、运营规则及市场监督以保证市场参与者能够公平交易，都尤为重要。一旦失败，自由化将徒有其表，电费很可能会居高不下。

从中长期能源政策的角度来看，灵活运用市场功能具有更为重要的意义。

日本政府发布的2018年版《能源基本计划》确定了2030年的电力来源结构，其中将可再生能源定位为未来的主力电源，将核电定位为重要的基本负荷电源。但2030年的目标发电值延续了2014年的计划。计划的讨论过程，凸显了未来电源结构难以确定的问题。

近年来，电力及能源相关技术和市场环境发生了日新月异的变化。单纯从成本考虑，我们也很难判断出10年或20年以后，可再生能源与核能究竟哪个更加便宜。倘若像此前一样，继续按照政府制定的死板的计划进行电力及能源投资，那么未来国民很可能将继续支付高昂的电费。

欧洲和美国的能源政策已经转变为充分利用市场机制的最优解，日本同样应当培育发展电力市场，持续释放健康的价格信号，促进合理投资，从而避免电费居高不下。

032

低碳经济转型

也是产业做大做强和提高效益的机遇

低碳经济是一种在控制温室气体排放的同时实现经济增长的经济活动，尤其有望在经济增长中对使用煤炭、石油、天然气等化石能源所产生的二氧化碳的排放量实现有效控制。

随着全球性低碳经济转型大势所趋，企业不仅应当适应这一变化，还应采取追加投资、改革产业结构等必要措施。企业要把这一趋势看作是低碳经济转型风险，未雨绸缪。

2016年生效的国际协议《巴黎协定》规定，缔约国应在21世纪内将全球平均气温较工业革命前的升高幅度控制在2℃以内，并努力控制在1.5℃以内。

那么全球需要减少多少温室气体排放量，才能实现这一目标？目前已有多项科研成果。其中2050年全球排放量应控制在目前的一半，得到了国际广泛共识。

为了在协定生效后约35年内实现排放量减半，政府和企业不仅需要严格的规定，还需要引进另辟蹊径的创新型技术。对化石燃料的依赖不但会导致企业的生产经营受限，还有产品和服务利润结构恶化的危险。这些都可以算得上是具体的转型风险。

2017年，负责监管全球各个金融机构的金融稳定理事会（FSB）下属组织气候变化相关财务信息披露工作组（TCFD）发布报告，建议金融机构和企业把握气候变化所造成的中长期风险，并制定相应的对策和计划。在这份建议报告中，TCFD列举了低碳经济转型的风险。

根据TCFD的报告，转型风险包括政策和法规制度、技术、市场和评价4个方面。政策和法规制度风险的一个代表性例子，就是针对温室气体排放收费的“碳定价”被引入之后，对企业追加投资和利润结构的改变。“碳定价”包括设定不同企业、厂家、设备的排放量上限的碳排放交易机制，以及对消费化石燃料征收的碳税。企业稍有不慎，不但会导致成本上涨、财务状况恶化，还有可能损害社会评价。

如果全社会都能够更深入地思考气候变化的重要意义，每个人的认识都发生转变，那么低碳产品和服务就能够打开市场。但是传统产品和服务将丧失竞争力，这也是一种市场风险。

如果企业在低碳经济转型中动作慢、贡献小，那么将会招致社会的非议。这便是评价风险。这种风险不仅来自消费者，同样也会出现在企业交易之中——要求供货商将电力消费百分之百换成可再生能源的欧美企业比比皆是。如果不能满足客户的要求，企业的评价就会下滑。

此外，金融机构挑选投资对象，而后从大量使用煤炭和石油的企业撤资的情况也越来越常见。一旦口碑变差，那么恶劣影响甚至会波及企业筹集资金的环节。

低碳经济转型也会带来机遇，促进企业做大做强，提高效益。TCFD指出，通过提高资源的使用效率，利用可再生能源或核能等零碳排能源，在低碳经济转型过程中也蕴含着机遇。能够提供低碳节能技术、产品和服务的企业将脱颖而出，具备这种适应力的企业在低碳经济中将会赚得钵满盆盈。TCFD指出，为了抓住这一机遇，企业需要制定相应的经营战略。

只要国际社会依据《巴黎协定》，协调推进全球变暖对策，就充分说明低碳经济转型是一条必由之路。正面应对转型风险，设想全球低碳社会转型前景，把握机遇，保持增长，这才是应有的企业战略。

033

质量过剩

究竟什么才是数字时代的高品质

前文已经阐述了认证产品、水资源、物流、塑料、石棉、能源、全球变暖对策等有关ESG的风险。除了应对这些环境和社会问题，企业还需要调整公司治理，落实遵规守纪。

诚然，规则卷帙浩繁，但规则就是规则，投机取巧只会给企业价值造成恶劣的影响。

提高质量是公司治理的主题之一。2017~2018年，日本制造业产品参数造假事件层出不穷。粗略地回顾一下，遭到曝光的包括日产汽车、神户制钢、川崎重工、三菱综合材料、日立化成、藤仓工业等公司。

有的案例是质量虽然能够满足顾客需要，但质检环节出现问题，有的则根本就是质量问题，类型五花八门，不能混为一谈。有人干脆表示质量标准早已经流于形式，然而标准就是标准，即使标准已经脱离了实际情况，该遵守的依然必须遵守。辩称“质量没问题”，只会适得其反。（参见第九章）

还有一种普遍的论调，批评日本企业过分在意顾客的看法，挖空心思提高质量，而这种做法并不符合世界潮流。这种意见有可取之处，但企业这样的做法也正是日本产品质量广受赞誉的原因所在。

在把质量过剩视为一种风险并加以管理的时候，首先应修正质量的定义。迎来数字时代后，质量管理不仅是管理硬件的质量，还要管理软件的质量，有时甚至还包括互联网服务的质量。数字质量的标准在哪里？又应该如何追求？不断探讨这些问题，听取顾客的意见，在这一过程中，传统质量标准的修正也将水到渠成。

如果对此无动于衷，不管不顾地强行遵循既有标准和规则，那么不仅会让企业一线人员疲惫不堪，还有可能引发处心积虑的数据造假事件。待到那时，就不再是单纯的质量问题了。高压管理和墨守成规都会让组织成为一潭死水。

034

白色骚扰

工作方式口头改革致使组织崩溃

眼下，白色骚扰问题正在日本企业内部暗流涌动。管理层对外宣称，他们正在改革工作方式，但实质上只是想大肆标榜自家公司是“白公司”[1]。公司强迫员工尽早下班回家，可工作量和工作方式却一切照旧。由于业务内容和工作量没有丝毫改变，所以员工还是要在家里或是公司外面办公，换汤不换药。

长时间劳动被舆论谴责为一种对员工的残忍剥削。近来在这种风潮的影响下，白色骚扰应时而生。而这一风潮脱胎于政府积极改革工作方式的方针。

工作方式改革作为第2次安倍政府的核心政策隆重登场，目的是保证劳动人口数量。日本劳动人口在20世纪90年代达到峰值，后由于少子老龄化的影响，目前处于急剧下跌的态势。据内

[1] “白公司”是一个日语自造词，即具备福利待遇优厚、工作强度小、跳槽率低等特征的公司。与“黑公司”（工作环境恶劣、强迫劳动等）对应。——译者注

阁府预测，如果现有状况得不到改善，那么到了2030年，日本的劳动人口数量将仅有5683万人，比2013年的6577万人减少将近1000万人。

为了解决这一问题，政府的办法是让那些为了生养孩子而足不出户的家庭妇女，以及高龄人群走向职场。并且希望未来能够提高出生率，遏制少子化，防止劳动人口减少。因此，为了缩短全体劳动者的劳动时间，所以就敦促丈夫们做家务、带孩子，以让女性能够在社会上更为活跃，并且为减少因为收入低而对结婚生子犹豫不决的人群，政府还采取了缩小临时工和正式工差别等一系列措施。

改善长时间劳动的状况，确有必要，可一旦发展为白色骚扰，就会挫伤员工的积极性。明明员工正在全力以赴地做一件很有价值的工作，这时却给他一句“再不下班就影响公司声誉了”，其结果可想而知。

企业与企业之间同样存在白色骚扰的问题。存在交易往来的企业之间，如果订货企业缩短了劳动时间（白色化），那么接受订单的企业也会被波及。就好比是分包公司任由总承包公司摆布一样，工作方式改革中，也会出现相似的情形。

工作方式改革，应该让多项改革实现齐头并进，这些改革包括利用产业选择和产业集中实现资源与工作量最优解，根据员工资历、个性能力、工作热情进行动态分配工作等。不过，改革不是一蹴而就的。在改革成功之前，白色骚扰很可能会导致组织机能分崩离析。

为了保证劳动人口，企业确实应有所作为，但这不应该是白色骚扰。

035

中坚企业、中小企业的并购

能否发现尽职调查发现不了的差异

企业并购（M&A）是企业必须要实施的公司治理的主题之一。并购会对企业可持续发展造成巨大影响，一经公布，并购的整合工作必将被利益相关者持续关注。

在日本，并购已经不再是一部分大型企业的专利。主要经营中小企业并购的3家中介机构已经在东京证券交易主板上市（日本M&A中心、M&A Capital Partners、Strike）。其公开数据显示，2017年并购成交526起，比2012年的157起增长了3倍多（2018年版《日本中小企业白皮书》）。

并购数量持续增长，不仅是因为越来越多的被并购方因无人接班，产业发展无望，而且很大程度上还受到并购方需求的影响。譬如由于人口不断减少，国内市场持续萎缩，并购方急需开拓新产业，扩大产业规模。

但是，随着并购成交量增大，其中所暗藏的不曾预料的麻烦也相继出现。并购之所以备受瞩目，是因为它能够迅速提高效益，但在实施之前，企业务必对可能出现的麻烦做好准备。

通常在并购议价之前，并购方会实施尽职调查，深度评估被并购企业所持资产、技术、人才等企业价值，细致入微地研究该企业存在的风险。然而，浮于表面的尽职调查很难发现两家公司在企业文化上的差异，这就是麻烦产生的原因。

首先是并购方与被并购方企业风格的差异。简单设想一下，如果一家强于管理的企业并购了一家技术型企业，将会如何？通常，一家强于管理的公司，其管理部门会更具发言权，形成一种注重管理成果的人事制度。相反，一家将科技作为第一生产力的公司，其人事制度更多是通过准确评判技术人员能力来提高企业的凝聚力。

如果把并购公司的人事制度原封不动地搬到被并购公司的员工身上，那么技术人员必然会因为自己的成果没有得到正确评价而心怀不满。这种并购不仅没有节省下并购方培养技术人员的时间，还有可能让那些技术人员认为自己受到不公待遇，跳槽离开。但如果单纯替换为优待技术人员的人事制度，那么接下来就该轮到本公司的功臣——那些优秀的管理人才愤愤不平了。倘若并购本身开始遭到“为什么并购公司员工的待遇还比不上新员工”这样的质疑，那么并购方和被并购方的员工将会像水和油一样永远无法调和。

引发员工之间摩擦的文化差异，应追溯到双方高层各不相同的企业管理价值观。并购实施之前，双方高层需要充分对话，切实就并购后的管理体制构想达成共识。比如前文的例子中，如何融合技术能力和管理能力，如何引导企业取得整体发展，每一个步骤都要做到深入地相互了解，并且要能够向员工做出具体的解释说明。

假如一发现技术能力和管理能力，或是各自占有的市场可以相互取长补短的理想企业，随即心急火燎地扑将上去就实施并购，那么缺乏磨合的问题迟早会暴露出来。

如果想得更深入一些，还要考虑到被并购企业高层引发的派系之争。倘若被并购企业部分成员集体辞职，那么并购也将落得一个“空中解体”的下场。

后续还有可能发生财务方面的风险。例如尽职调查时，企业看上去很不错，利润率很高，然而收购以后经过仔细的内部监察发现，财务管理其实不乏疏漏之处。

不仅日本国内市场中的并购存在意想不到的风险，随着国内市场日渐萎缩，中坚企业及中小企业走出国门，在海外同样会遭遇难以预料的风险。一些地方为了保护本国产业，不允许日企成立独资公司，因而日企在开拓海外市场时，为了能够打开当地的销售渠道，大多采用与当地企业合资建厂、收购或参与投资等形式。

出现过这样的情况：经过一段时间的经营后，日企逐渐摸清了当地的市场结构，相比于同当地企业合资经营、平分收益，日企内心更倾向于成立独资公司，将经营所得尽收囊中，因此，日企便打算从合资伙伴手中收购股权，将当地企业完全变成子公司；然而，保留当地企业资本时，该企业在当地税务机构眼中是本国企业，一旦完全变成日企的子公司，就成了外企，纳税额随之大幅上升。

036

ESG 推进迟缓导致投资者撤资

海外投资者撤离日本

2018年3月20日，富士通举行了面向投资者的ESG说明会，约50名证券公司和投资信托公司人士出席了会议，约三成参会者是拥有ESG相关头衔的投资负责人。是日，说明会的主题是环境。富士通的环境和企业社会责任（CSR）部部长介绍了企业在可再生能源及节能方面的相关举措，话音刚落，参会者便接二连三地抛出了疑问："环境活动的成本是多少？""可再生能源引入率是不是比竞争企业低？"

采用说明会这种方式的，并非只有富士通一家。欧姆龙、味之素、小松、NEC、丸井集团等企业都陆续举行了ESG说明会。

企业开始积极公开ESG信息的主要考虑是ESG投资，也就是ESG评价将会决定企业能否成为投资对象。富士通ESG说明会的主办者、投资者关系（IR）部负责人说："为了实现持续性增长，必须要留住能够长期为企业投资的稳定股东。如果不积极公开ESG信息，就将无法吸引稳定的投资。"在当今这个时代，

ESG措施已经能够左右企业的融资。

投资者对企业的ESG情况做出评价，视情况还会选择撤资，这种趋势正在愈演愈烈。

环境方面的代表例子就是投资者针对煤炭产业的撤资。2015年，管理着约1万亿美元的挪威政府养老基金决定不再投资煤炭产业，包括继续使用煤炭火力发电的电力公司及油砂开采公司；2017年12月，世界保险巨头法国安盛公司宣布停止向煤炭火力发电和油砂产业提供保险服务；德国安联保险集团、瑞士苏黎世保险集团也宣布了同样的决定。欧洲金融机构正在加速撤资进程。

在社会方面，更多的投资者开始关注企业提拔女性的措施。美国格拉斯·刘易斯咨询公司表示，将从2019年开始要求日本主要上市公司提拔女性员工。如果企业没有女性董事或监事，那么将在召开股东大会时建议对高管的选任提案投反对票。海外投资机构往往会采纳投票咨询公司的标准，因此企业万万不能对此视而不见。

一直以来，日本的银行在中长期融资中都发挥着巨大的作用，但从20世纪90年代泡沫经济崩溃后，其作用开始下降，目前银行融资占比不到5%。外国投资者取代银行，投资占比越来越高，已经超过了30%。一旦股东大会无法选任高管，海外投资机构就可能放弃这个企业，撤走资金。

公司治理方面，对参事顾问制度的考察愈发严厉。参事顾问制度是以终身雇用为前提的人事制度的顶点，堪称日式管理的象征。然而在海外投资者眼中，这是在管理工作中混入了一些莫名其妙的人。

部分日企听取了海外投资者的意见。2017年，资生堂、J.Front Retailing、日清纺集团等公司废除了参事顾问制度；2018年，可果美、伊藤忠商事、索尼等公司也毅然决然将其废除。

不论海外投资者如何质疑，参事顾问制度通过向管理层进言献策，在行业团体和金融界斡旋，对企业效益做出了一定的贡献。从古至今，日本企业始终践行着注重雇员、客户及社区三者关系的管理模式。只要这种日式经营有助于提升企业价值，那么就应该在公开ESG信息的同时，积极主动地向投资者加以解释说明。

第五章 人才短缺的风险

劳 动 者 质 量 低、 数 量 少

作者一览

日经 BP 综研合伙人

麓幸子

日经 BP 综研 中坚及中小企业实验室

伊藤畅人

田中和之

田中淳一郎

菅野武

加古川群司

神农将史

日经 BP 综研 理念管理实验室

长坂邦宏

日经 BP 综研 医药卫生实验室

藤井省吾

037

雇员大流失

东京奥运会加剧结构性劳动力短缺

在少子老龄化的持续影响下，预计2060年日本的劳动年龄人口将减少至4418万人，这个数字约为1995年8717万人的一半（日本国立社会保障和人口问题研究所预测数据）。劳动力短缺问题愈发严峻。截至2018年7月，日本全国平均有效求人倍率（季节调整值）达到1.63倍，超过了泡沫经济时期（1990年7月）的1.46倍，且连续1年保持这种高水平，劳动力争夺战可谓如火如荼。

在这一形势下，2018年3月日经BP综研中坚及中小企业实验室对全国企业管理者进行了问卷调查，结果显示，对“劳动力短缺对公司的影响”，回答“情况严重”的占11%，回答“愈发严重”的占39.5%。全体的半数以上表示受到了影响（有效回答人数200人）。

当回答已经受到劳动力短缺影响的管理者又被问到“你预计这一情况将于何时结束”时，34.7%回答“2020年前”，25.7%回答“2025年前”，然而多达31.7%的人回答“（2035年）以后仍将如此”。可见在众多管理者看来，劳动力短缺将成为未来长期困扰日本经济的一个结构性问题。

另一方面，年轻从业者们又如何看待这个劳动力短缺的时代呢？在对管理者进行问卷调查的同时，我们也采访了在公司上班的“90后”雇员。当被问到“以后是否想继续在这里上班”时，41%的人回答“如果条件或时机成熟，也可以去别的公司上班”，9%回答“想尽早跳槽”，8.5%回答“想马上辞职”。“跳槽预备队”总计超过了60%（有效回答人数200人）。

显然，年轻从业者存在着强烈的跳槽意愿。曾有统计显示，有三成的大学毕业生和四成的高中毕业生就业不到3年就会离职。可见不仅人才卖方市场优势不减，就连跳槽市场也呈现一派火热景象。

如今，劳动力短缺的问题已经从大城市蔓延到了地方。某连锁餐饮企业的管理者面露困惑：“本以为地方上招人会容易一些，没想到当地人才都走了。”据说，当初关东地区北部某市为了解决当地就业问题，恳请某企业在当地新开了一家加工厂，结果临到开张的时候连员工都招不够。企业迫不得已提高时薪，但依然招不够人，最后开着大巴在1小时车程内的市镇村跑了一遍，好歹招齐了人，工厂才开了工。

全日本最令人牵挂的劳动力短缺问题，便是东京奥运会和残奥会的人手问题。奥运会和残奥会举办期间总计需要11万名志愿者，计划于2018年秋开始招募注册，2019年秋开始培训，预计2020年4月实际开展工作。志愿者最少要服务10天，一些人有可能还要连续服务多日。

目前我们尚不清楚能有多少人参加志愿者活动，不过跳槽热情高涨的年轻人中想必会有人这样想：“这是一辈子才能遇到一次的大事，所以我要当奥运会志愿者。”在待遇、工作内容、职场环境统统缺乏魅力的公司上班的员工，极有可能借此机会果断从公司辞职走人，尤其是地方上，人才流失问题将会更加严重。

之所以这么说，是因为1964年东京奥运会的前车之鉴，1960～1965年东京奥运会前后5年间，东京的人口增长了12.2%。旺盛的建设需求和形势一片大好的服务行业吸引各地人才源源不断地涌向东京。如果明年的东京奥运会结束后，地方上再度出现年轻人所剩无几的状况，那么日本的地方经济恐怕会就此一蹶不振。

038

雇用泡沫破裂

“不适合员工”辞职、“累赘员工”剧增

在日本劳动力空前短缺的背景下，企业为了留住人才狼狈不堪地东奔西跑。这场面犹如20世纪80年代全日本的企业争相抢购股票和不动产，呈现一番“泡沫雇用”的景象。然而，是泡沫就必然要破裂。最后企业还是会搬起石头砸自己的脚。

RECRUIT Works研究所调查显示，2019年3月日本应届大

学毕业生（含研究生毕业生）的求人倍率为1.88倍，较上一年升高了0.1个百分点，形成了更为严峻的超级人才卖方市场。其中，员工在300人以下的中小企业的求人倍率从前一年的6.45倍一口气跃升至9.91倍，刷新了历史纪录。在这种情况下，除了一部分大型企业，企业的雇用标准完全是形同虚设。一些企业甚至录用了一些原本根本不会雇用的学生，甚至虚报录用人数，唯恐发出的录用通知被拒绝。

“这是我们第一次录用这所大学的学生。”一边是某上市公司的管理者如是说，而另一边是喜悦之情溢于言表的某私立大学就业部门负责人：“这是我们学校的学生第一次被这家公司录用。”

至于那些知名度低的中小企业，哪里顾得上考虑应聘者的能力、性格或是否适合公司，只顾一个劲儿地内定前来面试的学生。而对于工厂工人、零售商店售货员、服务员之类的兼职或临时工等非正式职位来说，有些企业为了保证当天的人手，甚至到了应聘即雇用的地步。

的确，如果劳动力得不到保证，企业业务规模便会萎缩，最终退出竞争行列，最严重时还会关门大吉。例如，城市中央商务区的客流量非常大，但依然遍地都是因为雇不到人而倒闭的餐饮店。日本帝国征信的调查显示，2017年度共有114起劳动力短缺倒闭，连续4年环比上升，已增至2013年度的2.5倍。倒闭的主要原因就是雇员辞职或招工难导致的劳动力得不到保证，从而造成效益恶化。

最近工作方式改革的一系列举措，也对雇用泡沫的增长起了推波助澜的作用。一方面不允许长时间加班，另一方面，提高生产能力并非易事。为了应付日复一日的繁重业务，只有雇用新人。

但是这种做法会不会是鼠目寸光或是被周围环境蛊惑怂恿？企业还是要三思而后行。为了凑人数而雇来了成绩差强人意的新职员，其中一些在进入公司后确实可能大显身手，但通常并不会如此。

首要的一个隐患就是他们会因为不适合而立马辞职走人。人均雇用成本一般是50万～60万日元，再加上员工的行政成本，这一大笔投资就等同于打了水漂，还会给员工所在部门制造混乱。说得难听一点，原本就能力不足或是缺乏相应素质的人，即使进入公司之后花费时间、金钱予以培训教育，依然是白费工夫。这些人不久就会变成累赘员工，造成沉重的行政费用负担。

这种情况是有先例的。1988～1992年，日本企业集体增加了雇用数量。《日经商业》杂志2015年针对大型企业所做的调查显示，这些“泡沫入社人群”占比超过企业所有员工的六分之一。企业为了维持这些员工的待遇而苦不堪言。不堪承受行政经费负担，下定决心裁员并支付巨额的额外补偿工资的案例不胜枚举。对于实力雄厚的企业来说并无大碍，但其他企业可能会因此被逼上绝路。

不过，经济向好的态势至少会持续到2020年东京奥运会和残奥会开幕。很多人认为，劳动力短缺将会持续下去，直至经济复苏趋于稳定。然而，这之后又将如何?

比方说，科技进步可能会让相当一部分工种的从业人员被AI或机器人取代。如果只盯着眼前的劳动力短缺，不管不顾地雇用员工，很快就会出现人员过剩的危险。企业必须要雇用值得托付本公司未来的人才，且只雇用必需人数，这个道理毋庸赘言。

生产和销售葛饼的船桥屋，是一家拥有约200名员工的日式点心老字号企业，每次招聘新人都会吸引1万多名应聘者，但录取者仅有5人。这确保了成功应聘者必定是出类拔萃、奋发向上的优秀人才。这要归功于渡边雅司社长提出了明确的企业愿景，充分调动人才的积极性，呕心沥血打造品牌，以及企业对社交媒体的灵活运用。在船桥屋，年轻员工能够自觉自愿地工作，针对开拓新业务或改革组织提出自己的看法，主动将公司的成长进步扛在自己肩上。这一切与企业的规模无关，关键在于管理者的眼界与努力。

039

时代变迁产生的技术落伍

开放合作必不可少

如何在时代急剧变迁、工作内容日新月异的变化中，从老员工身上发现新的闪光点，并通过回炉培训提升和发挥其新的能力？这是摆在企业面前的一个问题。

未来，能够引发工作内容和方式方法剧变的，不仅有客户和其他竞争企业的变化，还有IT和AI发展造就的商品流通、知识产权、地理区域的无界化。如若对此视而不见，那么现有员工所从事的工作和掌握的技术，将有可能变得一文不值。

知识产权无界化，指的是行家和新手之间不再具有清晰的界线。网上沟通联系让业务方面的订单或接单变得更加简便，工作外包随处可见。由于各种工作外包，很多工作被取代或是不复存在。不仅是那些简单工序，有些企业甚至已经开始把高层次的知识性劳动委托给自由职业的专业人才。而地理区域无界化，指的是企业为了缩小与国外的价格差，将生产、研发站点迁至国外。

此外，原本由人来同客户进行沟通交流的业务，有望被AI等技术取代，譬如前台和形式固定的电话营销。许多人认为，规则固定的财会、审核业务，根据说明文件编写程序的程序员工作都将渐渐消失。

如果要在未来充分发挥人才的作用，就必须要跟上这种时代变迁。例如，让经验丰富的老员工借着无界化的东风，成为其从事多年的工作领域的专家，将其活动范围扩展至大型企业、中坚企业、中小企业、微型企业甚至海外。

在老员工能够大显身手的工作中，蕴藏着新的商机。开拓新业务并非易事，但如果新业务兴起于传统业务周边，那么行家里手的经验将会大有作为。

此外，企业还要重视从外界获取创意和知识。产业界、政府、科研机构要携手合作，相互之间取长补短，推进开放创新，接触并吸收先进的方法、技巧和理念，并且要适当解禁副业，允许员工从事兼职。解禁副业能够让本公司员工掌握外界的先进技术。反之，其他企业解禁副业也有助于本公司引进优秀人才。

在业务开拓阶段，为了能够挖掘员工潜藏着的知识和技能，不仅要让他们参与自己所擅长的领域的业务发展，还应该了解他们在日常业务之外的特长，以及他们在公司外的其他地方发光发热的情况，作为一种“侧写（profile）储备”。企业拓展业务、挑选人手时，就可以参考这些侧写。而提升这些新业务成员的价值观念和事业的使命感，还有助于让侧写运用更为灵活通达。

而且，未来业务的发展越来越离不开AI和IT，企业亟须扩充能够熟练应用AI或IT的人才队伍，但就连IT行业也非常缺乏这类人才。这同样促使企业开放合作。

应用AI或IT的必要前提，是要把老员工所掌握的、未来依然具有实用价值的技术方法固定为知识或规则，移植给AI或IT。例如，某位老员工有着丰富的营销经验，能够根据不同情况采取恰当的销售方法，那么就要研究能否移植他的经验。

040

传承技术技能

匠人技艺失传

日本的2007年问题至今仍未解决——看到这句话，想必许多人都莫名其妙。2007年问题指的是第二次世界大战后的婴儿潮一代于2007年前后超过60岁，达到退休年龄，大批资深技术人才退休，一些堪称匠人技艺的技术、技能面临失传，制造产业发展遭遇诸多困境。

在一些公司，员工对资深技术人员总有一种“反正有他在”的依赖感。对这些公司来说，资深技术人才流失，技术技能失传，公司优势随之土崩瓦解的形势尤为严峻。

然而资深技术人员经年累月掌握的技术技能，绝不是年轻一代用一两年时间就可以领悟的。结果，企业只能是把退休年龄延长到65岁，或是返聘退休人员，让资深技术人员继续工作，换言之就是推迟传承。

于是，日本婴儿潮一代超过65岁时的2012问题再度引起举世瞩目，但仍未得到根本解决。如今，婴儿潮一代已经迈过了70岁，但事不过三，为了避免这个问题被再度提及，日本政府干脆用业务传承这个大问题，将其掩盖了过去。

从某种角度而言，具备技术技能的资深技术人员比管理者更加不可替代。例如，2018年日本北陆地区的某家染色厂宣布，将废除此前设定的65岁返聘年龄上限，目的就是尽可能地延长资深技术人员的工作年限，让年轻一代将技术传承下来。

可以说，技术技能的传承已经进入了和资深技术人员的生命赛跑的阶段。婴儿潮一代的一些人已经年逾古稀，因身体原因不得不离开岗位。他们的体力下降，感官衰退，原有的技术技能也随之退化。

技能传承的问题并不局限在制造业。个体经营的餐饮店，尤其是曾号称街区名店的店铺停业的消息接踵而至。这些店铺的主厨年事已高，自觉力不从心，但厨艺又后继无人，只得关门停业。众多顾客再也无法品尝到钟爱多年的匠人味道。

据2012年版《日本中小企业白皮书》统计，在问卷调查中回答“技术竞争力正在下降”的企业中，约七成给出的原因是“未能顺利实现技术技能的传承”。显而易见，倘若技术技能得不到传承，企业就会丧失优势。

该白皮书指出，“资深技术技能标准化、手册化”和“资深技术技能的机械或IT替代”等方式，可以有效解决传承问题。东京大田区聚集着众多小工厂，其中一家公司传承匠人技艺的办法是把老匠人和主动参与这项工作的年轻人每2人结为1组，在共事过程中，年轻人把老匠人说明和指导的内容记录下来，然后整理成手册。

这绝非一朝一夕就能见到成效的事情。企业唯有尽早采取对策，有计划地投入一定的时间来培养新一代的技术人员，才能解决技术技能传承的问题。

041

老龄化企业

年过五旬的人能否撑得起公司

日本总人口数量在2005年达到峰值，此后持续减少，目前每4个人当中就有1个是65岁以上的老年人。这要归因于日本人持续增长的平均寿命和不断下降的出生率。

随着全社会老龄化程度加深，日本企业员工的年龄也不断上升。上市公司员工的平均年龄达到了41岁，并呈逐年上升趋势。尤其是近来，1988～1992年大批录用的“泡沫经济入社人群”逼近50岁，致使企业老龄化趋势愈加引人瞩目。而且受泡沫经济崩溃的影响，1993～2005年日本企业控制录用应届毕业生，导致企业年龄结构的平衡被打破。

政府提出的方案是在2025年前将领取养老金的年龄延长至65岁，为了避免员工60岁退休之后落入无养老金、无收入的境地，鼓励企业继续雇用老年人。一些企业也确实开始将退休年龄延长至65岁，或是取消退休年限。

在这样的背景之下，就出现了员工平均年龄逐步上升的老龄化企业。其中一些公司的平均年龄超过45岁，如何激发员工整体活力等各种问题也随之浮出水面。

员工平均年龄上升本身并不是一件坏事。只要效益节节攀高，企业是无所谓的。但在更高层次，还有全体员工幸福感的问题。例如，延长退休年龄之后，那些年过花甲的员工是否还能精神抖擞地参加工作，继续为公司做贡献呢？正是年富力强的一代又是否能够在这些老资历的激励下发挥自身能力呢？他们能否与老一辈建立起相互信赖的关系呢？

老龄化企业饱受诟病的问题之一，便是正当年的一代加薪受阻，因为钱都拿去给推迟退休的老员工发工资了。这导致加薪的顶峰从50岁前后提前至40来岁，加薪幅度也有所减小。从管理层的角度来看，只要充分利用老一辈员工的知识经验和技能，就能够维持公司的优势；但正处于当打之年的员工很可能会认为，延迟退休让老资历越来越多，这是对他们利益的侵害。这会在公司内部积聚年轻一代对老一代的不满情绪，造成两代员工之间更深的隔阂。

此外，许多时候老员工需要回炉培训。正如前文所述，数字化进程日新月异，公司的外部环境和业务内容变化之快，可谓迅雷不及掩耳。员工如何通过培训或公司内部调岗，为掌握尖端技术做好准备，也是一个重要的课题。

2010年，德国宝马公司50岁以上的员工占比约为20%，预计2020年这个比例将达到40%。作为全球汽车行业中利润率首屈一指的公司，宝马采用的办法是营造更利于大龄员工工作的劳动环境，不断打磨国际竞争力。

2017年，一则单色调的视频招聘广告在日本引起轩然大波，其广告语“改变大叔，改变日本”分外惹人注目。这则广告的发布者就是提出“录用第四次新毕业生”[1]口号的企业森下仁丹。因为招聘的是四五十岁的候补干部，且性别年龄不限，前来应聘者达2000多人，而森下仁丹企业的员工总数不过290余人。从这则广告中能够看出该公司社长驹村纯一对人才短缺问题强烈的危机意识，他非常期望四五十岁的候补干部能够发挥对应届毕业生等年轻员工的指导作用。

驹村社长本人就是在52岁的时候从三菱商事跳槽到森下仁丹的，他用了3年时间成功让这家赤字一度达30亿日元、濒临破产的医药保健品老字号扭亏为盈。或许在他看来，自己就是被录用的“第四次新毕业生”吧。如果工作环境能够让生龙活虎的年轻人和容光焕发的“50后”愉快共事，那么日本企业将会再创辉煌。

---

[1] 日本将应届高校毕业生称为“新卒”，企业录用应届毕业生称作“新卒採用”。工作数年后辞职或跳槽的人被称为“第二新卒”，研究生毕业无工作经验或工作不满3年的应聘者被称为“第三新卒”。“第四新卒採用”（第四次新毕业生）一词就是根据上述词语所造，即录用具有丰富社会阅历，尚未失去工作热情，渴望挑战新的职业生涯的人才。——译者注

042

外国劳工工伤事故

事故率居高不下

截至2017年10月底，在日本务工的外国劳动者总数达到128万人，创历史新高。外国劳动者的增加导致外国人工伤事故随之增多。日本工伤事故总体虽然呈减少趋势，但外国劳动者的工伤事故率并没有出现下降的迹象。

据日本厚生劳动省《2016年工伤事故发生状况分析》统计，2016年日本的外国劳动者总数为108.3769万人，需要停工4天以上事故的伤亡人数为2211人，事故率为2‰。2010年外国劳动者总数为64.9982万人，其中需要停工4天以上事故的伤亡人数为1265人，事故率为1.9‰，可以说基本持平。

此外，外国劳动者能够从事的技术实习岗位十分有限，工作场所存在危险作业的比重相对较高。

据厚生劳动省统计，2014～2016年度，被认定为因工死亡的技能实习生为22人。单纯计算，3年内外国劳动者工伤死亡率为十万分之三点七，大大超过了日本因工死亡的整体概率。2014～2016年的3年内，全日本因工死亡的人数为2957人。尽管“年度”和“全年”统计方法有差别，但全日本3年内工伤死亡率约为十万分之一点七。

考虑到外国劳工工伤事故持续增多，2017年6月，厚生劳动省呼吁各相关团体对技能实习生安全总抽查运动予以配合。

近年来在劳动力短缺的背景下，产业界对年轻且廉价的外国劳动者的需求量很大。事实上，有些企业利用不断招收技能实习生这样就业时间受限的外国劳动者的方法，来填补劳动力短缺的漏洞。只要能够满足技能国际转移这个初衷，企业放开手脚使用技能实习生，并没有任何问题。

但是，雇用外国劳动者并不能缩减企业的花费。如果雇用外国人，那么在落实安全教育、促进公司内部顺利沟通交流等企业雇用管理方面的业务量，将高于雇用日本人。例如，企业需要预备外语说明书，帮助外国劳动者熟悉机器、安全设施、防护用具的操作方法。此外，还需要教授日语，使用更容易看懂的工作场所标识、警告牌等，让外国劳动者能够充分了解防范工伤事故的指示和工作场所的标识。

令人遗憾的是，雇用外国劳动者时，雇用方未能彻底履行基本安全教育义务的现象屡见不鲜。2017年，各地劳动局和劳动标准监督署在对雇用了技能实习生的5672处工作场所进行监督指导时发现，其中1097处工作场所（19.3%）违反了安全标准相关法令。数量最多的违法行为是违反劳动时间相关法令，共有1348处工作场所（23.8%），安全标准违法紧随其后，位列第二。

相关部门公布的具体案例有技能实习生所使用的搅拌机的防

护盖脱落后没有及时安装，让没有资质的技能实习生操纵重型设备，致使劳动者双腿被碾压，导致重伤，等等。

东京工伤事故医院整形外科的藤井裕士，在外国人工伤事故调查论文中谈到，“职场环境安全措施不完善、语言不通导致安全教育不充分且理解不透彻”等因素，与工伤事故紧密相关（《因工伤事故入院治疗的外国劳动者相关调查》）。

姑且不谈让没有资质的劳动者操纵重型设备等情况，有些不要靠近起吊货物等企业现场的安全常识，通常不会写成白纸黑字。对于在工地工作的日本劳动者而言，他们对这些注意事项可能习以为常，没有必要再三强调。

由此可见，即便是保持零事故的优秀管理者，也绝对不可以把外国劳动者的安全指导工作委托给企业现场。企业管理层务必承担起自己的责任，精心研究安全工作规定，制定必要的措施，贯彻落实外国劳动者的安全教育工作。

043

机器造成工种消亡

某一天，常识突然不再适用

AI融合IoT、RPA（机器人流程自动化），成为街头巷尾的流行语，被誉为划时代的一大科技。这种宣传固然有失偏颇，但特定工作或业务，的确会在某一天突然被照相机、传感器等硬件或信息识别、图像解析等软件取而代之。

例如，自动化仓库正在突飞猛进地发展。如果这一趋势持续推进，那么替代电商从业者发货的业务将大幅缩水，这一类工种必将消亡。对于那些从大型企业及主营电商那里承包了仓库业务的公司而言，这一危机关乎他们的生死存亡。此外，劳动密集型企业可以说也处于灭亡的边缘。

工种消亡并不稀奇，不同之处在于如今工种的消亡速度之快、波及范围之广，是前所未有的。过去，很多工厂觊觎海外廉价的劳动力和庞大的市场，搬迁到了国外，结果许多依托工厂而生存的中小企业因此寸步难行。它们的解决方法是转而从事那些难以迁往海外的工种。其中就包括仓储和服务业，以及其他看上去日本国内劳动力绰绰有余的工种。

然而时至今日，这些工种也将被机器和程序取代。创业公司盯上了高行政费率的工种，摩拳擦掌试图一口气取而代之。一旦任其入侵，那么首当其冲的就是那些从事行业巨头承包工作，以及向行业巨头进行劳务派遣的企业，从事劳动密集型商业活动的企业也将步其后尘。随着机械化、自动化的成本下降，可取代的工作增多，劳动密集型企业的成本结构将进一步恶化。

目前为止，IT让很多行业内根深蒂固的商业习惯发生改变，变得更为高效，使其既可以为使用者提供更为便捷的服务，也改善了卖家的成本支出。但在IT提高效率的背后，是失去了存在感的传统企业。

眼下，无人零售店已经登场。或许不出10年，零售店售货员这种职业也将会消亡。客服中心已经引入了被称作AI聊天机器人的自动应答系统，目的是在提升顾客满意度的同时削减成本。到了技术水平能够取代当前人海战术的那一刻，技术将在转瞬之间呈现燎原之势。在那之前采取行动，为时未晚。

044

工作和生活的冲突

让员工情绪低落的心结

“在日本，斗志昂扬的员工所占比例仅为6%，在调查的139个国家中排名第132位，为最差一档。”这份2017年5月26日《日本经济新闻》（简称《日经》）电子版刊载的美国盖洛普民调咨询公司员工工作满意度的调查结果，让日本一众管理者瞠目结舌。不仅“斗志昂扬的员工”仅占6%，而且造成企业内部乌烟瘴气的“向周围散播负能量、死气沉沉的员工”占24%，“毫无干劲的员工”达到了70%。从这份调查的结果中，根本看不到那些对公司充满归属感，工作起来孜孜不倦，被誉为“公司人”的日本员工应有的形象。

报道附上了盖洛普公司主席吉姆 · 克利夫顿（Jim Clifton）的评论，他说道：“20世纪60～80年代日本颇具成效的指示和管理（Command&Control）模式，对千禧一代逐渐失去了作用。”

昭和一代曾经是日本经济高速增长的中流砥柱，而现在，与上一代人风格迥异的新千禧一代（1980～2000年出生）开始崭露头角，这就需要新的组织管理方式。昭和一代和千禧一代的区别之一就是有无家庭主妇。

经济高速增长时期，男主外、女主内的性别分工观念很重。当时按照惯例，女性只要一嫁人，即便之前有工作，也要辞职回家；男性可以把做家务、带孩子、照顾老人等家庭事务统统交给家庭主妇，然后自己专注于工作。他们能够毫无后顾之忧地加班，随时应付突发性的工作。

今非昔比。如今夫妻双双在外上班的家庭达到了1129万户，比夫妻中仅有一人上班的家庭还要多465万户（2016年日本内阁府调查数据）。据2014年日本劳动工会总联合会调查，将近八成的20～30岁的男性希望获得育儿休假。越来越多的双职工家庭中，年轻男性承担或是愿意承担带孩子等家务活。另一方面，人到中年以后，就会面临着如何才能让照顾老人和工作两不耽误的问题。每年因照顾老人而离职的员工约有10万人。2025年，日本将成为老龄化率超过30%的超老龄化国家，今后能够心无旁骛地投入工作的人群将越来越少，每个人在工作时都有一定的时间限制。

这是需要组织予以解决的课题——工作和生活的冲突。日本中央大学商学院佐藤博树教授和今野浩一郎合著的《人事管理入门》是这样阐述的：

工作者如果履行工作责任，达到公司和上司的期许，那么就无法完成日常生活中那些想要做或是必须要做的事。

这种情况所造成的矛盾和心结，就是工作和生活的冲突。当家务、带孩子、照顾老人等必须要做的事无法实现，当志趣、进修等想要做的事求而不得的时候，这种冲突便随之产生。

沉浸于工作没有时间限制的昭和一代，就不存在工作和生活的冲突。因为在他们的私生活中，既没有必须要做的事，也没有想要做的事。然而当下，前文所说的那种存在时间限制的人越来越多，工作者的生活方式和所思所想都发生了天翻地覆的变化。可是，日本仍然延续着昭和时代的劳动习惯。时至今日，企业依旧以家里有家庭主妇的男性为标准来进行管理。日本是个劳动时间过长的国家，年人均实际劳动时长为1734小时（2015年），大约比欧洲各国多300个小时。在日本，长时间工作被誉为美德，而且这种观念根深蒂固。

员工在私生活中有想要做的事和不得不做的事，但受困于长时间劳动，这些都无法实现。反之，即便是想要全身心地扑在工作上，但由于个人私事，在工作中想做的事同样不能如愿。千禧一代希望工作和充实个人生活能够两全其美，但这一心愿却得不到理解。他们厌恶本身没有时间限制的管理层的指示和管理模式，进而心生不满，情绪低落。开篇盖洛普公司的数据让人对此一目了然。

以往为工作和生活的冲突而烦恼不已的，可能是一些为了兼顾育儿和工作而含辛茹苦的育儿期女性员工。她们只是少数群体。但是如今，因为这些事务而操劳的员工在组织中占据了多数。管理者对此必须要心中有数。

各项调查均显示，工作和生活存在冲突的员工不仅生活质量会下降，还会对工作缺乏热情，因此给工作带来负面影响。如果这种状态长期得不到缓解，还有可能导致员工离职，不利于组织的人才稳定。佐藤教授指出："帮助员工平衡工作和生活，化解工作和生活的冲突，将成为企业在人才管理运用方面的一大课题。"

045

心力衰竭大流行

冬季激增，急诊已达极限

下面列举几个人才身体健康方面的风险。大流行（pandemic）是医学领域的一个术语，即流感等传染病迅速蔓延，涉及地域广，形成世界性流行的状况。原本它主要用于由病毒或细菌引起的相关传染病，但随着世界人口老龄化不断加剧，老年人容易发作的心力衰竭也像传染病一样激增蔓延，很可能会超出急诊医疗的承受能力。这一情况被称作"心力衰竭大流行"。

2020～2040年间冬季的某一时期，很可能会像流行病爆发一样，发生心力衰竭大流行的情况。截至2018年，日本慢性心力衰竭患者规模已达百万，预计2025年将超过120万人。

心力衰竭，是指心脏的收缩能力和舒张能力衰退，引发严重浮肿、呼吸困难、乏力、内脏淤血等症状的症候群。日本循环器官学会和日本心力衰竭学会对心力衰竭给出的定义是，一种心脏功能障碍引发呼吸不畅和浮肿，逐渐恶化，缩短寿命的疾病。

随着年龄增大，全身肌肉都会逐渐丧失收缩能力和柔韧性，心肌也不例外，供血能力减弱，便会产生一运动就呼吸不畅，腿脚浮肿等早期症状。很多人在症状轻微时注意不到，而一旦病情恶化，乏力、呼吸困难等症状将迅速显现出来，甚至危及生命。此时就需要紧急送医和抢救。

心力衰竭的患病率和发病率与年龄成正比。据2004年的研究数据显示，65岁以上（男性）心力衰竭的患病率约为1%，75岁以上的患病率超过2%，80～85岁的患病率则猛增至4%以上，85～100岁达到5%～6%。而且心力衰竭的发病还具有季节性。心力衰竭与流感、肺炎等疾病并发，病情会急剧恶化，因此冬季首次发病并紧急送医的患者比夏季多2倍。心力衰竭还会反复发病，多者反复十余次入院，且病情会不断恶化。据统计，心力衰竭会导致患者住院20天左右，接受呼吸护理或佩戴呼吸机辅助循环，将花费上百万日元的医疗费。心力衰竭大流行不仅占用急诊病床，也将耗费巨额的医疗费用。

从阶段A至B，乃至C或D，心力衰竭的治疗难度也呈阶段性升级。为了预防心力衰竭大流行，应当着重在症状尚未显现的阶段A发现病情，在隐性心力衰竭阶段开始治疗或指导患者养成良好的生活习惯。只需检查血液中的脑尿钠肽（BNP），即可诊断是否存在隐性心衰。

首先要指导患者养成的一个良好的生活习惯，就是低盐饮食。日本饮食文化丰富多彩，但如果摄入过多盐分，就容易引发心力衰竭。盐分会增加循环的血量，加重心脏负担。在少吃盐的基础上，还应服用能够降低心脏负担的降压药。此外，一旦冠状动脉狭窄合并糖尿病，将难以治愈，应当尽早根除这一因素。

理论看起来一目了然，但隐性心力衰竭阶段治疗在医疗机构开展得并不顺利。阶段A的隐性心衰通常是由普通诊所的医师诊断的，但运用BNP等的检查方法尚未普及到这一层级。我们需要在一线门诊和能够诊治重症心衰的循环器官专科医生常驻的综合医院之间，实现信息共享和诊疗合作。

046

致死疾病传染扩散

高死亡率病毒出现

难以医治的传染病有可能会出现扩散。下面列举几个典型病例。

滥用抗生素导致耐药细菌增长，已经成为一个世界性的问题。据报告显示，被美国疾病控制和预防中心（CDC）称为噩梦细菌的耐碳青霉烯类抗菌药物的肠杆菌科细菌（CRE），每年在美国的感染病例达9000例（死亡600例）。报告称，由于目前的抗生素对这种细菌几乎毫无作用，所以感染引发败血症的病例，死亡率高达40%～50%。

2017年，中国出现了人类感染甲型禽流感病毒（H7N9）的病例。人们还发现了高死亡率，且正在逐渐适应哺乳动物体质的病毒。尽管尚未出现人类感染的病例，但专家指出，对这一情况需要进行严密监控。

另外，由于跨国移动日渐普遍和全球变暖的影响，此前在日本根本见不到的外来传染病也逐渐增多，其中包括以蚊子为传播媒介的疟疾和寨卡病毒，一经感染很有可能危及生命。

此外，2017年日本梅毒感染者数量报告显示，当年度感染者超过5000人，而在2012年以前连续10多年里，感染者不足千人，梅毒感染者近年来数量急剧增长。梅毒病例激增被认为与艾滋病等其他性传染病例的增长有着密切的联系，有可能会造成性传染病大规模爆发。

第六章 自动驾驶风险

作者一览

日经 BP 综研 清洁技术实验室

林哲史

Auto Insight 社长，日经 BP 综研 未来实验室客座研究员

鹤原吉郎

日经 BP 综研 创新 ICT 实验室

井出一仁

047

新车销售低迷

网约车 App 和自动驾驶加速移动共享的进程

当前汽车产业的销售额大半来自新车销售。然而，这种依赖销售新款车型的商业模式未来可能会难以为继。有两大原因加剧了新车销售的低迷。其一是用车时随叫随到——可以随时随地约车的网约车平台崛起；其二是自动驾驶技术，尤其是无须司机的全自动驾驶技术的出现。这两者相互融合，将会对汽车这一产品、汽车产业本身乃至相关其他产业重新定义。

网约车平台是拼车等随需应变约车型移动服务支撑体系的总称，基本依靠IT实现全部功能。

首先，它能够通过约车人的智能手机App（应用软件）受理约车人的约车请求，约车人所面对的则是一个约车App。

然后，网约车平台从正在路上行驶的空车中挑选合适的车辆，并向约车人提供方案，经约车人同意，平台指示该车辆驶往约车人所在位置。这是其核心功能。

此外，该平台的功能还包括向约车人显示抵达目的地的预计车费，抵达目的地后从预先注册的信用卡扣款等。约车人和司机还可以相互评价，下次约车时，约车人可以挑选评价高的司机，司机也可以挑选乘客。

网约车平台问世，不仅让约车人能够省力省钱地约到车，还可以挑选评价高的司机，从付钱找零的烦琐中解放出来。这种随需应变的约车服务具有独一无二的便捷性，而这将成为今后移动服务的行业标杆。

再加上自动驾驶技术。如果无须司机的自动驾驶车辆——也就是Robot Taxi（机器人出租车）能够提供移动服务，那么司机的劳动负担、薪水等以往服务方面的瓶颈问题将迎刃而解。不但没有了人力费用，高效的车辆调度还将大幅提升车辆的利用效率，生产力也将随之显著提高。即使车费下降，利润依然有望进一步攀升。

网约车平台与无人驾驶的组合，将促使随需应变约车服务焕发出更大的魅力。平时，家用无人驾驶汽车可以在闲置的时候出租给移动服务公司。德国大众和戴姆勒公司在发布无人驾驶概念车Cedric的时候，均建议车主可以在车辆空闲时将其出租给随需应变约车公司。美国特斯拉公司同样提出了明确的未来产业构想：一方面，特斯拉的用户可以把自己的车租给随需应变约车公司，另一方面，特斯拉公司将租用车辆开展出行服务。

从移动服务公司的角度而言，将家用无人驾驶车辆纳入服务车辆，能够丰富服务车辆的车型，降低筹措车辆的成本。参考住宿行业内获得广泛认可的共享民居形式——民宿，想必很多人愿意出借自己的车辆来赚取收入，也乐于以更为便宜的价格从别人那里租借自己心仪的汽车。

由此看来，网约车平台和无人驾驶汽车将加速共享汽车的发展，大幅提高自动驾驶车辆的利用率。假定全社会的用车需求量没有改变，利用率上升了，马路上就不再需要这么多的汽车。这就意味着新车的销量将会下降。

048

无用的保险产品

基于数据研发新产品

伴随全自动驾驶汽车的普及，相关产业也将随之发生改变，保险业便是将会受到强烈影响的行业之一。在所有损失险种的保费收入中，车辆损失险约占一半，2017年度达到约4.07万亿日元，市场规模十分巨大。但是进入自动驾驶时代以后，车辆事故数量必然骤减，市场规模也将大幅缩水。因为90%以上的交通事故是由于人的认知、判断、操作失误所造成的，如果这些人为错误全部消失，那么事故将减少九成以上。事实上，保险行业自身也逐渐意识到自动驾驶将压缩传统市场。

不过，保险也不是百无一用。自动驾驶汽车并不意味着零事故。自动驾驶汽车进入实用阶段后，还将在一定时期内与有人驾驶汽车混合行驶，可想而知，它们必然会被卷入人为错误所造成的交通事故之中。而当对向来车突然越线，或是行人、自行车突然闯入车道，自动驾驶汽车躲闪不及，相撞也是在所难免的。滑坡塌方、道路塌陷等自然灾害同样会引发事故。自动驾驶系统也可能存在缺陷和故障，一些完全无法预料的情况都有可能造成事故，因此事故发生概率不可能为零。自动驾驶汽车同样需要必要的保障，因而今后汽车保险市场绝对不会消失。

但保险的形式极有可能与现在大不相同。通过在自动驾驶汽车上配备全方位实时监控摄像头，用电脑记录事故发生时的车速、刹车时间，可以掌握事故的具体情况。对这些信息进行一段时间的积累，就能够相当精准地预测自动驾驶汽车事故发生的概率和赔偿额度。

在自动驾驶时代，能够积累最为翔实的事故信息的，是包括互联网企业在内的自动驾驶系统应用企业。自动驾驶系统应用企业包括整车制造企业、接受整车制造企业委托的IT类企业、从整车制造企业中独立出去的系统应用IT类企业等。无论是哪一种企业，详细的事故记录本身都是一份宝贵的数据，因此绝不可能轻易提供给其他企业。最有可能出现的情况是，现有保险公司和自动驾驶系统应用公司联合出资，成立新的保险公司。

不过，这个机制是不完备的。譬如应用公司提出的赔偿额度遭到反对，事故各方均为自动驾驶汽车时的责任划分、无人驾驶出租车的乘客做出危险举动等，有很多情况，应用公司都无法独立应对。因此，还需要第三方机构来明确事故责任划分，合理判断赔偿额度。无人驾驶出租车的应用公司有义务向这些机构提供翔实的数据。

还不等全自动驾驶时代到来，保险形式已然徐徐做出改变。东京海上日动火灾保险公司已经开始提供一种特约保险，该保险在自动刹车等驾驶辅助系统运行过程中发生事故后，在无法确认是司机责任还是系统失灵、责任归属不明的情况下，依然会向受害人赔偿。该公司的这一创举正在扩展到整个保险行业。今后，利用通信数据掌握车辆的驾驶状况，给予优秀驾驶员保险费用折扣的互联汽车保险，将得到进一步的普及。通信功能将不仅仅用于计算保险费率，还将逐步实现气囊启动后自动发送求救信号、安全驾驶提醒、车辆失窃后定位追踪等功能服务。

049

汽车材料的变化

强度不变前提下的轻型化趋势

有人认为，自动驾驶普及后，车辆将不会再发生碰撞事故，因而没必要把车体造得像现在这么结实。大炮巨舰时代的战舰无不身披重铠，但到了依靠尖端雷达系统一较高下的宙斯盾舰时代，厚重的装甲就失去了意义。同样，汽车领域也有可能出现类似的变化，这甚至会波及车体所使用的钢铁材料的需求量。

其实，只要人驾驶的汽车和自动驾驶汽车行驶在同一条马路上，且事故概率不为零，那么车体的强度就不能降低。而且目前还不能预知，未来道路上是否依然会有由人驾驶的车辆。即便路上跑的都是自动驾驶汽车，如前文所述，系统缺陷或故障、保养不善及自然灾害所造成的事故依然不可避免。

更何况，碰撞安全性并不是决定目前车体强度的唯一因素。增强车体的刚性结构可以让乘坐者更加安全放心，获得良好的驾乘感受。无须亲自驾驶的自动驾驶汽车，车体同样需要一定程度的刚性。因此，即使实现了全自动驾驶，车体强度也必定不会大幅降低。

不过，随着汽车自动驾驶趋势的不断发展，为了追求轻型化，车体使用的材料有可能会发生巨大变化。车体组成部件中树脂和碳纤维复合材料的比例将会提高，铝合金使用率也会上升。一言以蔽之，为了实现轻型化，物尽其用的多材质化将得到进一步的推广，汽车用材将愈加丰富多样。

轻型化有望降低燃料费用（电动汽车则是电费）等运行成本。随着使用自动驾驶技术的无人驾驶汽车越来越多地被用作出租车，其利用率不但高于家庭用车，年行驶里程也将大大增加，因而燃料费用在汽车总使用成本中所占的比例也将随之升高。

一旦对燃料费用的重视程度超过了购车费用，那么曾因成本过高而鲜有使用的树脂外板和树脂挡风玻璃将得到推广，甚至可能会带动一部分车架材料改换成碳纤维复合材料。

目前碳纤维复合材料零部件大多采用近似手工制作的方式制成，不过这种制作方式将逐步被生产效率更高的方式替代。在这一过程中，受热硬化型的树脂将被取代，受热软化型、生产效率更高的树脂将得到更为广泛的应用。

未来，对强度要求较高的底盘将会采用挤压铝合金材质，车身骨架使用强度大且质量轻的碳纤维复合材料，外板部分则大多使用树脂材料。因为碳纤维复合材料和树脂零部件无须像硬化钢零件那样使用昂贵的金属模具和大型压制机械，所以有望实现多品种、小批量生产。而且小批量生产的车体零部件会越来越多地采用3D打印来制造。

轻型化及多样化的汽车需求，促使树脂和碳纤维复合材料的使用愈加广泛。因为无人驾驶出租车等车辆需要根据使用场合调整车型，所以可以采取通用的平台，通过改变车身的方式创造出各种的车型。未来，焊接底盘与车身将两者合二为一的汽车将会越来越少，底盘与加装在其上的车身，可以组合拆分的汽车则会越来越多。

050

停车场过剩

无人驾驶出租车变成 K 歌房

如果全自动驾驶成为现实，都市大众开始搭乘使用了自动驾驶技术的无人驾驶出租车，那么停车场业务将会遭受巨大冲击。每辆车的利用率提高了，停在停车场的汽车数量自然就会下降。

无人驾驶出租车与私家车相比，具有诸多优势，比如可以随时随地叫车，比买车便宜，可以根据不同目的选择车型等。尤其是在城市地区，可以预见将有大批人群不再购买汽车，而是转而使用无人驾驶出租车。

当无人驾驶出租车一刻不停地往来穿梭时，城区停车场的需求量将会大减。到那时，路边停车已是绰绰有余，专用停车场基本失去了意义。人们不再需要自家的车位，商场也用不着现在这样广阔的停车空间。而后，店铺设计也会随之扩大，土地利用率将会更上一层楼。

那么，停车场业务会不会就此消亡呢？答案是否定的。例如，日本的停车场运营公司Times24就将其经营的停车场投入到了共享汽车产业中。同样，其他经营停车场的公司也可以将其拥有的停车场投向无人驾驶出租车产业。停车场所有权的优势是，可以把停车场改造为无人驾驶出租车的充电站。

无人驾驶出租车在运行时，尤其是在城市地区，每次行驶里程都不远。可想而知，较之于燃油车，燃料费用更为经济的电动汽车将成为主流。而且其采取的充电方式将是无须充电插头的非接触充电。所谓非接触充电，就是在两个电极互不接触的情况下，通过埋在地下的送电线圈向安装在电动汽车底盘的接收线圈传输电力，只要地面的送电线圈和车体上的接收线圈位置重叠，就可以充电，非常适合无人汽车。

为了能够在城市地区使用无人驾驶出租车，城区内各个地方都需要配置这种充电站，而正在经营停车场的企业，有着建设充电基础设施的得天独厚的优势。

借助停车场，企业还能够开拓新的商机。这一灵感来源于智能手机主要用途的变化。智能手机的前身是移动电话，但如今，智能手机本来的功能——打电话——的使用频率越来越低。大多数使用者把绝大部分时间用在收发邮件、刷网页、手机游戏游、微信等社交网络服务、摄影、录制音乐等用途上，而不是打电话。

无独有偶，很可能在不久的将来，原本只是一种移动手段的无人驾驶出租车，会更多地用于移动出行以外的目的。无人驾驶出租车将会在移动过程中向乘客提供视频、音乐、游戏等休闲娱乐方式和网络环境。这些功能既可以在行驶过程中使用，也可以在停止状态下使用。有些人可能会为了看视频或听音乐而特意去使用停在停车场的无人驾驶出租车，这些车或许还会被当作一间K歌房。

此外，因为停泊在停车场的无人驾驶出租车是一个与外界隔绝的空间，所以还会有“游牧上班族”利用它来办公，也可能有人会借用这个空间小憩片刻。如果无人驾驶出租车发展为一种多功能箱，那么曾经经营停车场的公司就可以摇身一变，成为拥有大批无人驾驶出租车、开展多种业务的服务型公司。

051

自动驾驶汽车接送客造成拥堵

市区接送空间愈发重要

自动驾驶汽车的登场可能会解决许多社会问题，其一便是交通拥堵。

比如高速公路拥堵。关于高速公路拥堵产生机理的研究早已有之，据公路运营管理者发布的研究成果显示，拥堵的典型原因是车辆驾驶者在平缓上坡时频繁踩刹车。司机在平缓的上坡道路上无法辨识出正在爬坡的状态，从而导致车速下降。前方行驶车辆减速，车距迅速缩短，后车司机为了保持车距便会踩刹车，这就是拥堵的开端。后面的车辆依次跟随前车制动动作踩刹车，导致拥堵加剧。

如果大部分车辆配备自动驾驶功能，能够实时监测与前车的车距，自动调节速度，保持适当的距离，就可以防止拥堵或是控制拥堵的规模。此外，自动驾驶技术研发的另一个重要课题是队列行驶功能，该功能可以让多辆大型卡车保持一定间距定速巡航。假如卡车能够大量装备这一功能并充分利用，将更有助于化解交通拥堵。

解决高速公路拥堵指日可待，但另一方面，目前市区道路拥堵的状况却未必能够得到缓解。因为市区的交通环境由大量信号灯和路口构成，所以能够定速巡航行驶的时间极为短暂。车辆不可避免地要频繁启停。因而只要车一多，就会产生拥堵，并且拥堵状况愈演愈烈。

未来智能手机App约车普及之后，汽车的使用范围将会比现在更广。人们上下班、上下学虽然还是乘坐地铁或电车，但是从家到最近车站的这段路程用汽车接送，将会变得十分普遍。这样一来，每到早晨上班上学，晚上下班放学的时候，车站前将是一排排接送乘客的自动驾驶汽车。不仅车站，医院、学校、音乐厅、棒球场、足球场等，人山人海的地方比比皆是，人们为了移动出行便利，会越来越习惯于叫车，道路上行驶的汽车必然比现在更多，很可能会出现比现在更加严重的交通拥堵。

如今，在利用拼车服务或随需应变约车服务的时候，打车地点已经成为一个难题。随需应变约车服务在亚洲各大城市取得了突飞猛进的发展，但机场、宾馆为随需应变约车服务准备的上下客场地，却停满了别的汽车。

今后，无人驾驶汽车将不仅被用作出租车，也会越来越多地被用作私家车。如果在智能手机上也能叫到这些汽车，那么不仅乘公交、电车的路段可以叫车，人们在曾经步行的路段也会很自然地叫一辆汽车，全社会乘车出行的需求将与日俱增。因此，接送空间将比停车场更加重要。

052

大型汽车零部件供应商崛起

目标是成为服务公司，与整车制造企业同台竞技

毫无疑问，随着自动驾驶技术的普及，汽车产业结构将发生翻天覆地的变化。其中，被称作“垄断供应商”（mega supplier）的大型汽车零部件供应商备受瞩目。

有人指出，大型汽车零部件供应商实力增强后，其与整车制

造企业的地位或将发生反转。也就是说，二者的任务分工将变成车辆制造基本由大型汽车零部件供应商完成，而整车制造企业仅仅是在最后加作料。下面就一起来探讨这种可能性。

首先看一下大型汽车零部件供应商的班底。根据美国《汽车新闻》杂志列出的世界汽车零部件供应商排行榜（2015年），全球汽车零部件制造商销量前5名分别是德国博世公司（第1名）、日本电装公司（第2名）、加拿大的麦格纳国际（第3名）、德国大陆集团（第4名）、德国采埃孚公司（第5名）。

从自动驾驶的大脑——半导体材料，到传感器、电动发动机、变压器、电池等核心零部件，这5家企业无不一应俱全，短板部分则可以通过收购同行的其他公司或创业公司，或是与其他公司合并成立新的公司等方式进行弥补。由此，这5家公司就能构建自动驾驶和电动动力总成的核心部件系统，不断完善整个供给体制。

大型汽车零部件供应商之所以下大力气研发系统，就是因为众多整车制造企业渐渐无法凭借一己之力研发整套自动驾驶技术。事实上，产业规模较小的整车制造企业根本就没有考虑过要独立研发自动驾驶系统和电动动力总成。更多的整车制造企业选择从大型汽车零部件供应商那里购买自动驾驶系统，然后按照本公司的喜好进行调试，进而实现商品化。

其实，车企把整车的大部分零部件交给零部件制造商制造，并不是什么新鲜事。据资料显示，全球整车零部件总体成本中，从外部零部件厂商采购的占七成。甚至有观点认为，目前整车制造企业在制造过程中很大程度上依赖于外部企业，即使步入自动驾驶汽车时代，其依赖程度也只能是有增无减。即便一些大型车企能够独立研发自动驾驶系统，但传感器、高性能半导体等系统的组成部分，也几乎都是从外部采购的，没有任何一家车企能够自主研发整套技术。

那么，到了自动驾驶时代，整车制造企业和零部件制造商之间还能够维持现在这种关系吗？事实上，两者的关系很有可能会发生剧变。

苗头已经出现了。采埃孚公司宣布，与研发自动驾驶电动汽车的创业公司e.GO Mobile合并成立城市自动驾驶汽车制造公司e.GO Moove，并从2019年开始批量生产。合并的目标并不是传统的消费者和企业，而是希望借此参与到自动驾驶汽车移动服务之中，向不具备汽车制造技术的服务公司兜售其技术产品。e.GO Moove目前的生产计划是每年几万辆，但根据采埃孚公司的预测，未来5～7年里，该类型车的需求量将达到100万辆。

由此可见，大型汽车零部件供应商的商业目标是向新型服务商提供自动驾驶汽车，而这也是丰田等整车制造企业正在考虑的问题。总而言之，服务商专供车这一新市场的诞生，以及随之而来的零部件制造商和整车制造企业同台竞技这一前所未有的格局，将很快变为现实。

053

汽车周边产业崩溃

售后服务观念转变

目前新车销售占汽车产业销售额的一多半。如果网约车平台与自动驾驶的发展导致新车销量下滑，那么汽车产业将会遭到沉重打击。

整车制造企业和大型汽车零部件供应商都希望向服务平台专供汽车。大型汽车零部件供应商中排名前5名开外的零部件公司，基本无法独立提供整套自动驾驶系统。因此，这些企业将本公司的专业领域锁定在发动机零部件、车体零部件、内饰、底盘等，力争保持竞争力。

另一方面，电子、IT等行业也把汽车的更新换代视为商机。例如电池。2016年，全球共售出200万辆电动汽车和油电混合动力汽车，到2020年可能会达到900万～2000万辆，从而产生庞大的电池需求。生产电池需要巨额的设备投资，缺乏资本实力的企业即告淘汰，因而最终供应商的数量可能会十分有限。

有观点认为，假设电动汽车普及，达到1000万辆，那么电池所使用的锂的埋藏量仅够支撑5年。目前一些企业已经开始寻找锂的替代物，或是研发新的电池技术。

一旦新车销量下滑，那么主营车检、定期保养、更换轮胎电池等消耗品的售后市场也将随之萎缩。传统售后服务的目的是尽可能地让车辆保持购买之初的崭新状态，但正如我们所见，车辆的用途正在发生巨大的变化，因而在某些情况下，传统售后服务有可能会衍生出让汽车实现升级，使其性能比购买之初更为强大的新服务。

例如，加装娱乐用的显示装置，实施内容营销，安装或更换自动驾驶传感器等。

整车制造企业也将发生转变，较之以往的量产研发、以销售新款或新型汽车来吸引消费者，车企会更加注重争夺能够通过后期服务实现升级的车型市场和相应的服务清单。

054

针对汽车的网络攻击

一旦被劫持，将无计可施

CASE是汽车产业革命浪潮代表性的关键词，它由Connected（互联）、Autonomous（自动）、Shared（共享）、Electric（电动）4个单词的首字母组合而成，2016年由德国戴姆勒公司提出，并逐步得到全行业的认同。其中任何一个要素都能够凭借一己之力颠覆汽车产业。该理念认为，这些要素相互融合，将会引发传统汽车产业和汽车社会形态的革命。

其中，Connected也被称作互联汽车。表示汽车接入互联网等信息网络，其功能相当于一个IT终端。大量以移动网络（4G）和无线网局域网为媒介连接互联网的汽车已经上市销售。目前，这些汽车可提供的服务不仅包括下载更新导航和音乐文件、事故故障通知，还包括使用智能手机遥控开启车灯、找车，以及上车前预先启动空调，将车内温度调节得更为舒适。

未来，随着不断升级的自动驾驶技术与云服务、AI、IoT等技术相结合，互联汽车所提供的服务还有望取得飞跃式的发展。2020年日本将启动新一代5G高速移动通信服务，加上日本2018年11月投入使用的指路者（准天顶卫星导航系统）高精度定位服务，这些都将推动互联汽车服务加速升级。

互联汽车利用互联网获得了诸多便利条件。但有得必有失，它也必须要接受随之而来的阴暗面，这便是互联网带来的网络攻击威胁。

对于互联汽车这种行驶的IT终端而言，最糟糕的情况就是在网络攻击下，制动、油门、方向盘等动力系统的控制权遭到劫持或失效。这种情况不仅会危及乘员生命，汽车还有可能成为伤及无辜人员和财物的凶器。而那种既没有方向盘又没有油门的自动汽车，其控制权一旦被攻击者劫持，乘员便真的陷入了叫天天不应的境地。

目前尚未出现针对互联汽车的网络攻击造成明确伤害的报告，但征兆已经出现。

2015年7月，菲亚特·克莱斯勒集团（FCA）宣布在美国召回140万辆SUV（运动型实用汽车）车型吉普大切诺基。原因是该车型移动网络接入功能U connect的电子控制单元存在能够远程操控油门和空调的安全漏洞。起因是安全研究人员公布的视频证实，利用移动网络可以入侵行驶中的车辆。

2016年9月，中国IT巨头腾讯的科恩安全实验室公布视频，证明能够通过Wi-Fi向美国特斯拉Model S电动汽车的电子控制单元发送虚假控制信号，从外部控制车辆。随后，特斯拉发布了漏洞补丁。

这些案例的攻击手段无一例外都是针对普通信息系统实施网络攻击。利用导航等车载信息娱乐设备（IVI）的漏洞入侵信息功能，而后改写控制发动机等驱动功能的控制器局域网络（CAN）程序，进而利用无线网络从外部发送虚假信号，实现对油门等设备的控制。

日本生产的汽车同样被指出存在遭受网络攻击的危险，尽管并不像驾驶功能被劫持那样严重。例如，日产电动汽车Leaf由于缺乏针对乘车前可以遥控开启空调的智能手机App的认证装置，所以只需知道17位的车辆识别号码（车架号）中的后5位，就能够在任何地方通过网络操控该型车。2016年2月曝光的视频已经证实了这一危险。

三菱汽车的SUV欧蓝德PHEV，由于连接Wi-Fi的密码位数过少，一旦被破解，遥控车灯和空调的智能手机App就会被第三方劫持。相关视频发布于2016年6月。2017年5月，三菱决定召回2万多辆该型号汽车，对控制程序进行升级。

美国通用汽车公司所提供的可通过智能手机App遥控空调和锁窗等的服务系统，同样被指出存在被第三方控制的高危认证漏洞。

如果将车载系统的信息系统和控制系统完全分离，那么即使信息功能被针对普通IT设备的网络攻击手段攻破，油门、方向盘等控制功能大概率也能规避被劫持的风险。但是，只有二者互联，才能提高自动驾驶的精度和便捷性，实现机动灵活的共享服务。因此，防范控制功能被恶意改写时，必须遵循互联这一前提条件，而不是将二者分离。

即便能够阻挡针对车载信息功能或控制功能的网络攻击，也不意味着可以高枕无忧。云端服务或移动通信服务遭到攻击，同样会造成各种危险，例如妨碍车辆接收定位、路况、目的地等有关信息，或是接收到错误信息。

无法抵达正确目的地，被车辆载至错误地点，被绕远路或被导航到拥堵路段造成迟到，甚至是被引导着高速驶向施工道路，这些情况都将会损害汽车的基本功能——尽可能安全快捷地抵达目的地。

055

立法至上主义

一味坐等法律出台没有任何意义

引进新技术来解决社会问题时，不仅要把这项技术当作一种产品、服务向社会推广，还需要变革现行的社会制度。

例如普及自动驾驶技术，不但要提高自动驾驶技术的安全性，与此同时必须修订现行法律制度，先行允许自动驾驶这项技术存在。在日本，如果要让自动驾驶汽车上路，有3项代表性的法律需要修改。第一个是与驾驶员驾驶行为相关的《道路交通法》，第二个是关于车辆的《道路运输车辆法》，第三个是赔偿受害人时不可或缺的保险相关的《机动车损害赔偿保障法》。这些法律的立法前提均不包含没有驾驶员的自动驾驶汽车，如此一来，无人驾驶汽车上路就变成了违法行为。

不过，立即着手修订适用于全国的法律制度，也并非良策。因为对于自动驾驶技术而言，很难制定出适合所有道路环境和全体使用者、放之四海而皆准的规则。譬如要考虑地理环境差异及使用者各种不同的需求等。

以目前自动驾驶汽车的技术研发水平来说，想要实现在所有普通公路全时段安全行驶的目标，还十分困难。想要在普通公路上安全行驶，不仅要提高自动驾驶软件的驾驶功能，还要有所有行驶路线的高精度三维数字地图。此外，还需要验证传感器能否在各种各样的自然环境和道路条件下正常工作，以及能否借助反馈信息对周遭情况和驾驶操作做出准确的判断。

当前日本的技术能够在确保百分之百安全的前提下实现的目标是：10时至16时之间，仅限晴天，在没有信号灯和路口的笔直道路的固定区间内，以每小时20公里的速度往返行驶。通过完善地图、提升驾驶功能，可以大幅简化有待核实的自然环境和道路条件。如果能够将研发资源用在刀刃上，就可以制造出适用于特定区域的特殊自动驾驶汽车。降低最大行驶速度，避免在雨天或夜间行驶，还可以进一步提高安全性。

日本已经以2020～2025年自动驾驶汽车和普通汽车在公共道路上混合通行为构想，开始研究相关的法律制度。其中也考虑到仅凭车辆本身的配置难以保证安全性，因而法律法规的制定者也对行驶环境条件的标准进行了研讨。具体包括将行驶速度控制在低速、行驶范围仅限特定路线、设置与其他交通方式相互隔离的专用区域、限定行驶的气象条件和时段、确保远程自动驾驶系统良好的通信条件等。

这样一来，法律法规指定的首要目的不再是制定一项全国一刀切的规则，而是详细调查使用者需求，在满足使用者出行目的的行驶环境框架内单独制定规则，同时随时根据技术进步和使用者的需求，不断积累技术，引进方法。可以说，这才是引进新技术的必由之路。

但令人担忧的是，在新技术不断涌向社会的过程中，那种既然没有相关法律就等有法可依之后再行动的态度。假如无法可依，一旦遇上什么麻烦，不仅技术研发方害怕担责，使用者也同样唯恐避之不及。

对于自动驾驶而言，应该由各个地方政府自告奋勇地表态“我们地区具备行驶环境条件”，而不是坐等立法，否则自动驾驶汽车是无力解决地区的问题的。倘若大家都相互观望，谁也不愿意做第一个吃螃蟹的人，那么即使政府根据行驶的环境条件各自推进的方针就摆在那里，自动驾驶也很可能根本解决不了任何社会问题。

056

抵制自动驾驶的运动

暂时脱离驾驶行为的驾驶员能否恢复驾驶

2017年7月，奥迪宣布全球首辆搭载L3级别自动驾驶功能的汽车上市。这条新闻给人这样一种印象：自动驾驶功能正在成为未来选购汽车的要素之一。

L3级别自动驾驶，即汽车能够在一定环境条件下实现自动驾驶，驾驶员可以不再承担驾驶责任。目前市面上汽车所具备的自动驾驶功能，是在驾驶员监控下的辅助驾驶，自动驾驶级别为

L1或L2。如果是汽车可以接管驾驶的L3级别自动驾驶，那么在自动驾驶模式下，驾驶员可以在行驶中双手离开方向盘，查阅邮件或是看看资料，聊一聊业务。

但是，现如今涉及公共道路行驶的诸多法律的前提条件都是：取得驾照的人类方可驾驶汽车。比方说，虽然具备L3自动驾驶功能的汽车已经开始销售，但如果使用自动驾驶模式在公共道路上行驶，就有可能涉嫌违法。因此，奥迪的对策是先在已经修改了L3级别自动驾驶功能相关法规制度的地区销售。

如此一来，L3级别自动驾驶登台亮相近在咫尺，但在驾驶控制方面，也潜伏着新的事故风险。

在L3级别自动驾驶条件下，车辆会在必要时刻要求驾驶员恢复驾驶控制，并且驾驶员有恢复驾驶控制的义务。例如，设置时速低于60公里为自动驾驶模式运行环境之一，如果超速，汽车便会要求驾驶员恢复驾驶控制。那么问题来了，利用自动驾驶模式从驾驶中解放出来的驾驶员，能否及时恢复驾驶？

假定驾驶员充分了解L3级别的对应义务，但恢复驾驶控制所涉及的各种人为操控过失、系统本身状态不佳、对系统动作缺乏了解及其他相关的错误操作等，都有可能造成在此前的车辆驾驶过程中从未发生过的事故。

L2自动驾驶功能同样能够要求驾驶员恢复驾驶操控，但L2级别的自动驾驶模式还是造成过事故。而在L3至L5级别自动驾驶汽车公共道路测试中，即使测试驾驶员就坐在车上，依然没能避免事故发生。

如果驾驶员能够及时接管车辆，那么一些事故本是可以避免的。既然事故真实发生了，那么对于无须实时履行监控义务的L3级别自动驾驶而言，哪怕自动驾驶接管的时间再短，也必须采用目前最高水平的设备，保证驾驶员可以顺利恢复驾驶控制，并在无法恢复驾驶控制时，采取相应措施保证驾驶员的安全。

这些设备和安全措施的内容可能会让“应该优先保障安全，控制使用L3”的意见占据主流。一旦这种意见演变为抵制自动驾驶的运动，那么自动驾驶技术将寸步难行。

057

汽车产业再定义

没有一成不变的产业

本章选取的是自动驾驶的不确定性，正如章节副标题所言，它们也是数字化和服务化重新定义产业的产物。即使你没有接触过汽车产业，也希望你能够把与自身息息相关的产业代入到汽车产业中去。

因为Connected、Autonomous、Shared、Electric等关键词，对于每个行业而言都是相通的。

如果数字化和服务化能够向顾客提供前所未有的便捷和价值（高效且廉价的约车、移动服务，性能升级的汽车），顾客自然乐于接受。既有产业（新车销售）及周边产业（保险、停车场、售后服务）则会随之遭受负面影响，产业结构发生变化（整车制造企业和大型汽车零部件供应商的定位的改变）。

但与此同时，不确定性也会带来机遇，催生新的市场（移动服务、新保险、接送空间市场、车载娱乐设施市场、新材料）。

数字化和服务化的核心是数据。既要构建掌控“新石油”的产业模式，也要筹划保护数据及防范网络攻击的策略。像汽车这种性命攸关的产品，网络攻击危险程度之高，与以往不可同日而语。此外，为了让人们能够接受新的服务，还需要制定法律法规，确保服务的安全性，从而打消顾客的顾虑。

第七章　两极分化社会的风险

中　间　层　不　复　存　在

作者一览

日经 BP 综研 市场战略实验室

渡边和博

品田英雄

黑住纱织

丸尾弘志

石井和也

日经 BP 综研 理念管理实验室

渡边博则

058

中间层消亡

平均消费群体失去意义

中间层消亡，指的是在产品研发和提供服务时，企业难以定位平均消费群体。围绕标准分布的平均值来研判消费者需求的方式，越来越行不通了。

换言之，消费者之间出现了种种差异。首先是消费者彼此间的收入差距。衡量收入差距的基尼系数逐年攀升，证实了收入差距正在扩大。

其次是构成消费单元的家庭人口数量的变化。家庭人口减少，单人家庭比例上升。但这并不意味着可以笼统地把单人家庭定位为今后典型的消费群体。

年龄差异也很明显。上了年纪的富裕阶层，和从孩提时代起就对智能手机司空见惯的年轻人，二者的消费行为自然而然会有所差异。

还有性别差异及日本人和外国人的差异。从略微剑走偏锋的角度来看，还存在着移动出行和交通差异。一旦老年人遭遇出行难，不论是在城市还是在乡下，其消费行为都会随之发生改变。

就算是消费者个体之间，也会有所差别。只认便宜的消费者和只要中意便不计价格的消费者是同时存在的。

我们再也无法刻画出一个典型消费者群体的中间层形象了。对于研发、提供产品和服务的一方来说，仅凭收入、年龄、性别、家庭结构、居住地、国籍等碎片化的内容，是无法全面了解消费者的。企业亟须更为精准细致的市场营销方式。

059

消费欲望减退

个人消费持续低迷的结构性原因

回顾日本个人消费情况的变化发展，实际上从2014年4月上调消费税开始，个人消费便持续低迷。考虑到结构性原因，未来，日本个人消费仍将萎靡不振。结构性原因包括收入原地踏步、低收入临时工群体扩大、未来消费税和社会保险费用继续上涨导致可支配收入减少，等等。人们对未来生活的担忧，导致了更为明显的储蓄倾向。

一起来展望一下未来10～20年不同年龄段之间的消费差异。2018年，70岁左右的婴儿潮一代带来另类的人口红利，护理服务等成为个人消费的典型领域，但由于养老金给付额度有限，个人消费总体拉动较为乏力。

考虑到以四十五六岁为主体、人口数量较多的第二次婴儿潮[1]一代也将逐渐趋于老龄化，一定时期内将会给美容、保健等相关领域带来人口红利。但20年后，当这一代人步入65岁以上的老年人阶段之后，本应拉动消费的劳动年龄人口（15~65岁）将显著减少，因此，总体而言消费仍将持续低迷。

对于2018年仍不满40岁的人群而言，收入和可支配收入原地踏步，加之生活方式的改变，该群体的个人消费不会有太大增长。不论是男性还是女性，终生未婚率都在不断上升，单人家庭在所有家庭中的占比同样持续升高。结婚、产子、育儿的概率下降，那么住房、汽车、家用电器等较大开销自然就随之减少。

不过，在整体消费不振的情况下，也有些领域的价格仍保持了上涨。由于互联网的普及，日用品的平均购买价格出现下降趋势，但更具趣味性的物品反倒呈现一种“单点奢侈主义”倾向，购买价格不降反升。

[1] 指日本1971~1974年出生的一代人，其中1973年出生人数达210万人，仅次于第一次婴儿潮期间1949年的270万人。——译者注

060

单人家庭增加

少量、时间零散、宅

动画片《海螺小姐》描写的七口人组成的大家庭，如今在日本已经为数不多了，但“二战”结束后至20世纪60年代，这样的家庭曾占日本所有家庭的三至四成。之后的1980～1985年，四口之家占比最大。

1990年是一座分水岭，此后，独居（单人家庭）或双人家庭的比例渐渐升高，且尚未达到峰值。尤其是城市家庭人口数量持续下降。以2015年为例，东京47.4%的家庭是单人家庭，将近半数。其中涩谷区、新宿区、丰岛区、中野区的单人家庭比例超过60%。

日本国立社会保障和人口问题研究所的调查显示，2015年，男性的终生未婚率（50岁以前从未结过婚）为23.4%，女性为14.1%，较2010年的调查，不论男女均明显上升。离婚比例中男性为1/4，女性为1/7。学者也不清楚这种趋势何时到头。

独居消费具有三大倾向：少量、时间零散和宅，而且十分复杂。

少量，就是字面意思，即每个家庭的消费量减少。例如超市的卷心菜，七口之家要买一整棵，四口之家就只能买半棵，而对于独居消费者来说，如果不把菜切成1/4或是更小，根本就卖不出去。这不仅导致销量下降，也是导致厂家、卖家成本上升的一大因素。

时间零散，就是产生消费行为的时间零碎不固定。海螺小姐家的7口人会围坐在矮桌前一起吃饭，但独居者什么时候吃饭、在哪儿吃饭都无所谓，他们没必要迎合别人。

消费时段变化还会带来意想不到的影响。以家用电器产品设计方面的一个例子来说明，比如洗衣机，按照一个家庭主妇清洗大家庭所有人的衣服的生活模式，她为了能在白天晒干衣服，通常会在上午到中午后这个时间段洗衣服。小孩子的衣服比较脏，这就需要洗衣机具备强力的洗涤能力，又因为要洗全家人的衣服，所以还需要洗衣机具备节水和节约洗衣粉的节能功能。反观当代城市独居女白领的生活方式，对洗涤能力和大容量的需求度就没有那么高了。对这些人而言，洗衣机最重要的功能是静音。因为她们大多是下班后回到家，利用晚上的时间洗涤衣物。消费时段的变化，不但会改变产品，还会促使流通、服务等行业随之变化。不仅便利店、网店要根据全时段的购买行为做出了调整，近年来还有越来越多的健身房等服务行业也实行了24小时营业。

如上所述，消费者对什么时候消费、在哪儿消费、消费多少等问题，越发率性自我。当然，这种倾向在买什么方面同样十分突出，这就是消费的宅趋势。有别于生活必需品，消费者选购商品的依据是自己独特的兴趣爱好。得益于信息化的发展和网购的普及，他们的选择面极为宽广。毕竟独居的人，消费时既没有人发表意见，也不会有人横加阻拦。

061

网络原生代的消费习惯

擅长信息搜集的消费者登场

第二次婴儿潮之后的年轻一代，呈现年龄越小人口越少的态势，因而消费基数本身也在减小。而且这一代人出于对未来生活的忧虑，控制消费、将收入存入银行的比例很高。早已有人指出，年龄不满30岁的一代对酒、汽车等两代婴儿潮的支柱型消费产品，并没有特别强烈的必不可少的需求。由于临时雇用的比例上升，整体收入本身偏低，这一代面对未来时愈发感到惴惴不安，所以从一开始就没有什么消费欲望。

通过智能手机获取信息，对于这一代人而言是一件习以为常的事情，因而网络对他们消费行为的影响更为明显。网购、数据信息的应用，以及各种共享产品和共享服务等共享经济的发展，产生了消费归消费，但并不在乎是否拥有的消费潮流。信息检索和评价等信息来源，也同样依赖网络。

提供产品和服务的商家需要预先在网络上完善产品和服务信

息，便于消费者通过手机检索，还应该建立能够及时回应购买行为的机制。

在存在竞争关系的商家和各种销售渠道之间对比研究产品的信息，可以获得更为优惠的购买价格。年轻人消费更倾向于选择能够充分利用网络资讯和设备、尽可能不花冤枉钱的方式。在消费停滞时代，企业迫切需要了解这种消费倾向，在提供产品和服务的同时提供信息。

062

富裕阶层两极分化

让人花钱的商业服务走到尽头

近10年来，随着收入差距扩大和中间层分化，持有存款、股票、债券等纯金融资产总额超过1亿日元的富裕阶层确实有所增加。其中不少人曾在大型企业供职，退休后即迈入富裕阶层。拥有1亿日元左右的金融资产，便足以过上既有钱又有闲的生活。

许多企业捕捉到了这一态势，制定了向巨额资产所有人推销商品和服务的战略。不过，面向以优雅生活为前提的富裕阶层的商业服务亟须调整。

日本野村综合研究所针对家庭持有纯金融资产总额超过1亿

日元的富裕阶层及超过5亿日元的超富裕阶层进行了调查。报告显示，截至2015年，富裕阶层和超富裕阶层总计达到121.7万户，比2013年增长了20.9%。富裕阶层和超富裕阶层的资产总额约为272万亿日元，比安倍经济政策实施前的2011年增长了约45%。

资产达到1亿日元，就可以享受既有钱又有闲的晚年时光，比如每年1～2次出国旅游或是多次国内游，打打高尔夫球，偶尔从财务上支援一下孩子们。许多企业都针对这一阶层推出了产品和服务。

例如，很多银行都向大额储蓄客户提供会员专属服务，其中包括续费优惠、额外利息、高级餐厅和剧院的预约服务等。信用卡公司则将大额用户划定为黄金、铂金、黑金等不同等级，客户等级提升，就会得到更多的优惠。圈定优质客户群体有助于企业获得更高的利润。

然而，曾被视为富裕阶层的人群对收入下降、自己却越发长寿的现状感到忐忑不安，这种不安导致他们出现了克制消费的倾向。这一倾向的背后，是人生百年时代和负利率政策。

如今这个时代，年满65岁的女性中的一半，65岁男性中的将近三成，寿命能达到90岁。日本政府提出了“人生百年时代构想”，修改了此前以“人生80年”为前提设计的构想。日本政府公布的2018年度养老金金额与上一年度持平，按照丈夫40年工龄的平均收入和妻子是家庭主妇来计算，每月养老金约为20万日元，这就需要老人用自己的积蓄来填补日常生活的亏空。那么面对“人生百年”，可能会有一些目前算得上是富裕阶层的人想要继续工作赚钱。

2013年，日本《高年龄者雇用安定法》修正案颁布实施，对想要继续工作的人，原则上企业有义务继续雇用其至65岁。然而很多情况下，60岁以后工作的实际收入“直线下降，让人难以置信”（某食品公司的被延长雇用者），这也对消费心理造成了影响。

RECRUIT JOBS在2016年3月所做的调查显示，虽然延长雇用后劳动者约8成的工作内容与退休前没有变化，但工资标准不足原来50%～75%的占48.1%，不足25%～50%的占29.4%。

此外，银行对待富裕阶层的政策变化进一步加剧了这种不安。日本银行引入负利率，宣告靠存钱生钱的时代一去不复返。大额储户也不再被全部列为优质客户，银行希望客户购买金融产品，可是“政府虽然一再号召国民把储蓄变为投资，但客户出于对未来的担忧，很少有人把现金投到风险产品上”（某大型银行职员）。这样一来，此前的富裕阶层将白白耗费银行的管理成本。

三菱UFJ银行在2017年3月终止了延续多年的存款金额1000万日元以上的大客户俱乐部Quality Life Club服务。很多地方上的银行同样设置了会员服务，这些服务都亟须调整。

今后，曾经被称为富裕阶层的人群和真正富裕阶层的分化将进一步扩大，企业在筹划服务时要将二者加以区别。

063

移动方式的降速和消失

出行将耗费更多时间，甚至寸步难行

“总感觉路上的车流变慢了”“是不是一个绿灯的时间内右转的车辆变少了”，请你回想一下亲身经历，近来是否也有类似的感触？确实，道路上的平均车速正在下降。

日本国土交通省2017年6月发布的《2015年度全国公路、道路交通状况调查》关于一般交通量的调查结果显示，2015年度日本全国所有公路机动车行驶里程（行驶总里程=公路交通需求）与5年前的2010年度相比，基本持平。但非节假日交通拥堵时的平均车速（拥堵时速）却整体低于2010年度。

仔细研究便会发现，虽然整体结果变化不大，但在行驶里程方面，“高速公路”和“城市快速路”分别增加7.5%和3.3%，而“一般国道”和“都道府县道”等则分别下降0.7%和0.6%。值得关注的是，尽管一般国道和都道府县道等公路的行驶里程都略有下降——换个说法就是尽管有些道路空空荡荡，平均车速依然变慢了。

具体而言，各类道路的平均车速均有所下降，一般国道的时速从37.4公里降至35.3公里，都道府县道等公路的时速从33.1公里降至30.8公里。5年来车辆的性能提高了，道路环境也没有恶化，虽然上路的机动车数量增多了，但显然最大的症结在于驾驶员和横穿马路的行人，也就是人为因素。老龄化造成的反应迟钝等不良影响已然开始显现出来。想必人行道的平均步速也会出现相似的状况。

人变得更加迟钝，意味着原本就有如蜗行的市区道路交通状况将会进一步恶化。人员移动时间延长，也会降低货物的配送效率。最终，城市地区人员物资的移动将演变为一个难题。对于个人而言，无论是去零售店买东西还是网购，消费效率都有可能会进一步下降。

另一方面，老龄化的发展加剧了上交汽车驾照（申请注销驾照）的情况，这反映了一个日益凸显的大问题——老年人制造了大量交通事故。2015年度上交的驾照数量是28.5514万张。2010年度为6.5605万张，5年间增长了4倍多。大部分上交驾照的都是老年人（65岁以上）。

如此一来，城市地区驾驶员减少，道路交通需求也随之减少，平均车速下降的问题有望得到解决。但问题此消彼长，驾照上交将会造成地方日常交通方式缺失。

由于日本少子老龄化和人口密度过低等因素，各地接连出现公交线路乘客减少、负债累累被迫停运的情况。一旦公共交通方式消失，上交驾照的人就要面临出行困难的状况。购物也好，看病也罢，没有了代步工具，对于地方上的老年人来说可是一个大问题。当然，老年人可以考虑移居到大城市，但这样很可能导致城市地区拥堵时的平均速度进一步下降。

城市地区本应购物便捷，但人员出行和物资运送却都变慢了。在地方上和人口密度低的地区，老人去一趟小店都成了难事。实际消费效率下降，经营也会受到波及。如何破除出行、交通的闭塞状况，正在成为振兴日本经济的一个关键点。

064

雌性激素认知素养的差异

缺乏知识阻碍女性活跃

日本企业响应政府“塑造让女性更加活跃的社会”政策的号召，提出增加女性管理层和执行董事数量的目标。但是，仅凭规划女性深造项目，增加女性任用人数还是不够的。长远来看，女职员本人及其上司或管理者有无雌性激素认知素养，结果将大相径庭。换言之，就是这些人是否扎实掌握了关于女性健康的基本知识。

请那些认为自己公司已经充分采取措施提高员工健康水平的管理者，再重温一下自己的举措：组织基础代谢检查等定期体检，对走楼梯等增加员工运动机会的做法予以奖励，安排注重营养搭配的工作餐，组织心理咨询，这些都很不错。然而，这些提高员工健康水平的方法一概不分男女。管理者是否发现，女性的生理构造与男性截然不同呢?

如果企业管理者或干部在推动女性发挥作用时,对于“雌性激素会对女性健康造成强烈影响”等相关知识一无所知,内心之中把女性等同于男性,那么将会产生适得其反的结果,有可能与女性人才失之交臂,或是把她们逼迫到不得不辞职的地步。

而那些不了解自身内分泌的相关知识和合适的解决办法的女性,较之于掌握这些知识的女性,前者更容易因内分泌失调而缺勤,即使出勤,工作效率也会下降。不少女性由于对身体状况缺乏自信,不得不放弃难能可贵的晋职和晋级机会。这对于企业和个人双方来说,都是巨大的损失。

根据日本医疗政策机构“提升职场女性健康水平相关调查2018”的调查结果,在女性健康问题方面具备较多知识和较强应对能力(health literacy)的女性,在工作中的状态要优于其他女性,二者存在一种必然的联系。这凸显了具备健康素养的重要意义。

人们最好能够了解月经、妊娠和更年期等雌性激素认知素养。但目前,没有机会学习了解、长大成人之后依然不甚了了者其实大有人在。

女性每个月都会受到雌性激素波动的影响,很容易产生内分泌失调,表现之一便是生理期长达数日的痛经,严重者甚至会因疼痛难忍而卧床不起。另一个是经前期综合征(PMS),在生理期之前的一段时间里,出现头痛或乳房疼痛等身体不适,或是无法控制自己的情绪,出现精神障碍,变得暴躁或抑郁。精神障碍还会造成不健康的同事关系。

调查结果显示，74%的女性职员有痛经的情况，约六成曾患上过PMS，许多人无法妥善应对这些情况。据日本医疗政策机构估算，日本由此产生的生产性损失约为5000亿日元。

此外，女性还会遇到由于性激素迅速减少致使内分泌失衡的更年期。女性平均停经年龄约为50岁。更年期指的是停经前后10年，多数女性的更年期是从45～55岁。在这一阶段，除了抑郁、焦虑等精神症状，一些人还会受到潮热、失眠、头痛晕眩、关节痛等各种症状的困扰。

据《日经健康保险》杂志调查，身患更年期障碍，并且症状对生活造成影响的人约占两成，但能够维持正常生活的人也同样仅占两成左右。也就是说，有八成女性在这一时期出现了不适的感觉，处于所谓生活质量（QOL）[1]低下的状态。正在工作的人常常在出现注意力减退、记性差、乏力等状态后仍然无动于衷，整体状态自然会下滑。

严重症状可以通过治疗予以缓解。但由于许多日本女性并不了解更年期，宁肯忍着也不去接受治疗。而且这个年纪恰好是女性位居管理层或执行董事等要职的关键时期，这会让问题变得更加糟糕。日本“激素护理推进项目”在2012年进行的调查显示，由于对自己的身体状态和判断能力缺乏信心等，因更年期因

[1] 生活质量（QOL，Quality of Life），全面评价生活优劣的一种概念，医学领域通常指代健康质量。——译者注

素而拒绝升迁的女性达到了50%，辞职者约占17%。

近年涌现出来的新问题是治疗不孕不育和工作如何两全的问题。2018年3月，日本厚生劳动省公布实际调查结果，在265名曾进行过不孕不育治疗的男性和女性当中，16%的人因无法兼顾工作和治疗而辞职，11%的人放弃了治疗。

日本不孕不育患者患病的首要原因是卵子和精子老化。这意味着不少人只要在稍微年轻一点的时候要孩子，其实就无须治疗了。35岁之后，怀孕概率将急剧下降，这一点不仅女性要有所认知，企业也应当给予理解，还应该向那些年纪轻轻就有了孩子的妈妈们提供职业规划建议。如果企业能够做到，那么就不会再有那么多30～40岁的骨干员工因治疗不孕不育而放弃工作。

在职场女性为数不多的时代，也许就算对上述女性特有的健康问题不闻不问，也不会对企业管理产生太大的影响。然而，今后组织绝不能再对这类问题视若不见。不论是女性自身、男性还是企业，都要认识到“女性会因激素产生健康问题”，务必要防患于未然，否则损失必将与日俱增。

065

入境人数回落

土特产、温泉、设施千篇一律

入境营销是日本未来有望实现增长的一项产业。该产业面向的是海外赴日人群。商业往来、出席国际会议、留学、赴日走亲访友等，人们怀着各种各样的目的蜂拥来到日本，以这些人为目标人群的商业活动同样花样繁多，其中首屈一指的非旅游业莫属。

据日本热海、宫岛、草津的旅游协会称，2017年的入境需求极为旺盛，但未来，这些地方可能会出现令人忧心忡忡的入境需求回落趋势。各地的应对措施不同，或将在入境需求形势大好的地区、人数回落地区及从未吸引过外国人入境的地区之间，造成更加鲜明的差异。

游客日趋多样。既有过夜游客和一日游型的游客，也有自驾前往免费温泉浴场，在居酒屋吃完饭便打道回府的游客。当地美食、土特产、娱乐设施和中长期居住型旅游设施仍有待建设开发。

然而竞争非常激烈。例如土特产的包装设计，一方面，使用特产补贴、包装新颖时尚的土特产越来越多；但另一方面，雷同的包装设计旋即铺天盖地袭来，原本充满新意的包装设计转眼之间就过时了。

温泉过剩也是一个问题。大城市圈里也有附带温泉的大型设施，而且由于日本的地质环境十分易于开发温泉，且对温泉的定义很宽泛，所以更多的新建温泉设施将会出现。但与此同时，也有越来越多的老温泉旅游区关门歇业。

地方政府以前为吸引游客和举行大项活动而建造的体育设施，同样面临如何开发利用和维护保养的问题。有些地方的设施一度气势恢宏，但由于无力负担维护费用，已经再也无法用于体育赛事，譬如长野市的雪橇公园[1]。

066

外国人增多造成隔阂

在日外国人数量创下历史新高

旅居日本的外国人数量日益增长。根据日本法务省统计，截至2017年年底，在日外国人数量达256.1848万人，同比增长7.5%，创历史新高。

[1] 即长野Spiral公园，1998年长野冬奥会时修建，主要举行有舵和无舵雪橇比赛。——译者注

在日外国人既是消费者，也是日本人研究入境需求的基础，可以说数量越多，商机也就越多。但另一方面，随着各地纷纷建起“某某人街”的街区，不遵守垃圾处理规定等导致的矛盾冲突也随之产生。

消费行为和生活习惯都截然不同的人们如何共同生活？可谓是一个真正包含着机遇与困难两面性的风险。

此外，目前日本依然以现金结算为主，而中国等很多国家正在逐步发展电子支付或信用卡等无现金结算。旅居及临时赴日的外国人数量正在上升，日本势必将被拉入无现金结算的潮流。对于零售业和金融服务业而言，就不得不考虑应对这一潮流的成本、现有设备的兼容性等方方面面的问题。

第八章　城市贫民窟化的风险

基 础 设 施 老 旧 引 发 的 问 题

作者一览

日经 BP 综研 社会基础设施实验室

安达功

小原隆

荻原博之

高津尚悟

桑原丰

日经 BP 综研 理念管理实验室

德永太郎

067

火葬拥堵

企业修改福利制度迫在眉睫

火葬拥堵，指的是火葬制度无法推进，停滞不前，也用来指代火化前需要等候多日的状况。在日本，现在已经出现了由于场地、日期、时段等问题，需要等待大约7～10天才能火葬的情况。背后的原因是多死社会和缺少火葬场。

按照字面意思，多死社会就是紧随老龄化社会而来的死亡人数激增的社会。人口数量明显多于其他年龄段的婴儿潮一代，即将集体步入人生尾声，其影响将甚为深远。

根据日本厚生劳动省的人口动态统计，2017年度日本死亡人口达134.4万人。日本国立社会保障和人口问题研究所发布的《日本未来人口估算》（2017年预计，出生、死亡人口中等数量）预计，到了2030年，日本的死亡人口将突破160万人；到2039年，将迎来死亡人口的最高峰167.9万人；之后将逐渐减少，但到2050年仍将保持在159万人的水平。死亡人口如此快速增长，在全世界范围内都是极为罕见的。

另一方面，用于火化的火葬场的数量出现了下降趋势。通过查阅厚生劳动省卫生行政报告可发现，1996年度，日本全国的火葬场数量为8481座，2006年度为5014座，2016年度为4181座，近10年几乎减少了一半。而且在2016年度的4181座火葬场当中，过去一年内实际使用的保持恒常运行的火葬场的数量为1432座，约占1/3。据说厚生劳动省统计的火葬场，把近乎采用野外焚烧的简易火葬场都包含了进去。

详细研究统计数据就会发现，火葬场大部分坐落在城市群之外。例如2016年度火葬场数量排名前三的，第一是福井县（870座），其次是三重县（691座），再次是石川县（354座）。然而反观人口众多，换句话说也就是以后死亡人口众多的三大城市群，东京都内仅有27座，神奈川县20座，爱知县42座，大阪府150座。

日本即将迎来多死社会，死亡人口持续上升，火葬场数量不足，尤其是大城市周边火葬场供不应求，将会让火葬拥堵成为一个严峻的社会问题。

火葬拥堵与丧假、出差等员工的工作直接相关。在不久的将来，企业将会被迫重新制定各项规章制度。

日本多数企业是这样规定的：如果死者是配偶，丧假为10天；父母为7天；子女5天。可是如果由于火葬拥堵不得不排队等候，恐怕目前的丧假时长就有些不够用了。如果为了避开大城市周边的拥堵而前往地方上的火葬场，那么火化的确能够更快完成，但往来路途仍需数天，必然要花费比现在更多的时间。丧假虽然不是《劳动基准法》规定的法定休假，但却是企业福利制度的组成部分，企业需要尽早准备，及时做出修改。

对出差的影响则是订宾馆。如今当企业有员工去东京或大阪出差的时候，订房工作往往让外勤员工叫苦不迭。海外游客增多，导致大城市圈的宾馆房源紧张。而且，一些老宾馆一旦看准了今后多死社会的商机，转型为安置那些排队等候火化的遗体的“遗体宾馆”，那么宾馆数量不足的问题将会更加严重。已有先例——位于大阪市北区的遗体宾馆Hotel Relation，就是由房龄超过30年的宾馆改造而成的。

由大城市群及地方上的高楼大厦、公寓住房等基础设施所衍生出来的以火葬拥堵为代表的各类风险，一言以蔽之，即城市贫民窟化。一旦在解决写字楼供应量过剩、节能、设施老化等问题时棋错一着，这类风险就将变为现实。

068

写字楼存量过剩

城市发展管理将经受考验

2020年东京奥运会近在眼前，如今，建造摩天大楼的锤音回荡在东京市中心的每个角落。放眼塔吊林立的工地，很多人或许会想：“有必要建造这么多的写字楼吗？”

日经BP社的不动产信息杂志《日经不动产市场信息》在2018年4月进行了一项调查，结果显示，东京23区在2018年以后完工的、总面积超过1万平方米的写字楼至少有110栋，建成写字楼的总面积为1160万平方米。这一面积大约相当于47栋虎之门大厦（2014年落成）。

2020年，东京将有23栋写字楼完工，总面积达221万平方米，建造高峰即将来临。不过在此之后至2025年前，写字楼仍将保持一定的供给量。新建成的大楼几乎都坐落于东京都市中心5区，每层都超过3300多平方米，顶天立地，引人注目。

然而，职员们的工作方式正在发生巨大的改变。借助笔记本电脑和智能手机，人们无须在固定场所便可以从事各种各样的工作。最近，市中心及周边地区的共享办公室和共享工作空间越来越多。2018年，在全球范围推广共享办公业务的美国WeWork公司在日本开设了第一个办公地点。它把增进利用者相互交流和协作的设施作为武器，不断在日本开拓新的办公地点。

一些企业也与位于主要换乘站周边和郊外的共享办公室签订了合同，在自家公司办公空间之外准备了其他办公室（卫星办公室）。更多的企业开始采用远程办公（Telework）制度，加速营造随时随地都可以工作的环境，员工无须再专程跑到公司办公室工作。

可选择的工作方式多了，无论是对于那些养育孩子、照顾老人等诸事缠身的员工来说，还是对于那些希望激发员工的工作动力，提升组织的战斗力，进而提高生产力的企业而言，都是一件好事。

如果新的办公方式能够普及，那么员工就没必要像原来那样每天早晨按照固定的时间去市中心的公司上班，或是在一成不变的场所办公。但这也引发了一个令人担忧的现象，那便是市中心办公室过剩问题。

人们一度担心，供给量巨大的办公室会造成办公室租赁行情下滑，惶惶不安地将其看作是“2003年问题”之一。但紧接着由于经济形势好转，办公室需求量增加，这一问题并没有继续恶化。然而如果此后继续大量供应办公室，那么我们不仅要面对工作方式的变化，还要直面日本人口和人均办公室面积需求量双双减少的问题。这一次，认为办公室将陷入供应过剩的看法占据了主流。

不过，新建大型写字楼大多顺利地找到了租用企业。以高性能自居的新建大楼，确实名副其实地保持着高利用率。但随之而来的则是连环搬迁。租户流向新建大楼，现有大型写字楼的房间空了出来。为了填补这些空房间，现有中型大楼的租户便继续流出。连环搬迁的最终结果就是，缺乏竞争力的大楼人去楼空。

什么是缺乏竞争力的大楼？建筑年代久远、技术标准低，抗震性、环保性能水平达不到租户期望，办公室位于远离车站、办公室周边有居民区等缺乏区位优势的地区。总而言之，这些大楼无法向租用企业提供便利的工作环境。

通过整修提升价值，可以提高大楼的竞争力。比如把写字楼改造为住宅，转变使用目的以求得生存。区位环境较好的大楼可以卖地，然后重新开发。但完全无从改进、毫无竞争力的大楼，就只能长期闲置，最终形成贫民窟。

有人指出，一些地方上的市镇已经出现了散布着空房空地、城市密度下降的海绵化问题。建筑物因无人居住而不断老化，景观残破不堪，流浪汉和罪犯侵入，导致治安环境恶化，经济活动和行政服务陷入停滞。

同样的问题很可能在东京写字楼群中愈演愈烈。如果对抗震性能低的大楼放任不管，那么这些楼会更容易倒塌，而废弃的大楼会降低周边区域的整体价值。如何将这些大楼变废为宝，是摆在东京面前的新课题。

东京应该开始研究如何进行城市发展管理。时过境迁，如今已不再是以往那种大幅扩充容积率，招商引资，在城市中心地区建设大型写字楼的年代了。当前，东京不仅要想方设法地解决危楼和废弃大楼的问题，还要将保持办公室供求平衡的手段纳入视野，修订与办公室有关的城市规划。

069

写字楼高运转化

你的办公楼能否全天候作战

“能否全天候作战？”日本泡沫经济时期流行的一则营养饮料广告歌，想必很多人仍记忆犹新。员工们废寝忘食地工作，在当年是司空见惯之事。不过30多年后的今天，不得不废寝忘食工作的换成了写字楼。

如前文所述，在工作方式变革的影响下，没有时空限制的远程办公模式得到了推广。员工们可以选择在自己家里工作，无须奔波劳顿，也可以在外勤目的地附近利用共享办公室或卫星办公室办工。

这种趋势并不仅限于一部分企业。三菱地所在2018年1月将公司迁至大手町公园大厦，同时在全公司推广在家办公，办公室面积比旧址减少约两成。该公司原来给人刻板的印象，但新公司的定位是成为“变革工作方式的办公室”样板间，基于本公司的实际经验，以不动产开发者的身份向顾客提供新型办公室方案。

目前，写字楼的基本使用规则是某家企业在一定时期内使用某个固定不变的空间。但未来，租约将不再以常见的“年”为单位，而是以1个月、1天甚至在某些情况下以小时为单位拟定。拥有大楼所有权的企业务必要斟酌更为高效的租赁方式。

租赁会议室预约网站Spacee所从事的业务服务，便是将企业闲置的办公室和个人名下大楼的闲置空间当作会议室租出去。已注册的会议室达到3000间，根据不同的设施，每小时租金500日元～1000日元不等。从事不动产相关产业的日本财马科斯集团所经营的“XYMAX项目办公室”也是如此，目标客户是爆发式出现且人数众多的项目团队，按月向他们出租办公室。

租用办公室的企业也发生了变化。一些初创企业在创业之后，规模很快便会扩大或是缩小，行情极富流动性。如果取消不动产租约的时限，办公空间才能变得更加灵活。

没有时间限制的出租方式，会让写字楼处于“24小时、365天工作”的高运转状态，使用者数量也将大幅增加。为了适应这种状态，写字楼自身必须要做出改变。

首先，必须要能够应付高运转带来的能耗增加。维护保养非常重要，以免机器设备超负荷运转造成意外事故；维修和更换的期限也会提前。还有电费问题，如果不更换高效节能设备，将不断造成成本流失。还需要提升窗户、外墙、天花板的隔热性能。倘若隔热性能差，即便使用最新型的节能设备，同样会直接受到室外空气的影响，降低成本效益。

其次是安保问题。虽然大楼所有人可以通过合同掌握办公室使用者的情况，不会像商业设施那样出现大批的随机使用人群，但也无法保证数量众多的使用者能够人手一张出入证。而且由于深夜和清晨也有人使用，所以要花费一定成本雇用安保人员。还需要安装报警系统，以备不时之需。

到了2025年，将有大批量的写字楼宣告竣工。高规格的新建大楼很可能更适合没有时间限制的出租方式。现有写字楼将不得不在招租大战之中打一场逆风仗。

ESG投资者重点投资的就是那些能够对环境、社会、公司治理采取有效措施的企业，从这个观点出发，节能和安保同样至关重要。如何应对写字楼的高运转化已是当务之急。在当前这个时候，企业切不可对员工工作模式的变化冷眼旁观。

070

高价值资产和搁浅资产

节能性差或将导致投资人撤资

40℃以上的高温、破纪录的暴雨、从东向西逆向过境的台风，2018年日本的夏天异象连连。同样，高温、洪水、山火等异常气象所造成的灾害也在全球范围内蔓延，气候变化带来的破坏令人触目惊心。

为阻止全球变暖而订立的国际框架《巴黎协定》提出的目标是，将气温上升幅度控制在工业革命前的2℃以内。日本宣布，2030年温室气体排放要比2013年削减26%，办公场所（商业大楼）、家庭分别需要减排约40%和39%，难度很大。

然而，目前日本建筑物的节能减排仍处于放任自由的状态。为了履行《巴黎协定》，日本从2017年4月起规定建筑有符合节能标准的义务。第一批适用对象是总面积超过2000平方米的非住宅建筑，全部新建建筑则要在2020年前符合节能标准。日本终于开始普及节能建筑了。

此外，脱碳行动也已启动，这一战略能够在21世纪后半叶平衡人为温室气体排放和森林吸收（负排放），实现真正意义上的零排放。净零能耗建筑（ZEB，net zero-energy building）

能够实现年内能源消费收支为零，日本计划在2020年前实现新建公共建筑的ZEB，2030年前平均实现新建建筑的ZEB。日本还计划在2020年前实现标准新建住宅净零能耗住宅（ZEH，net zero-energy house），2030年前新建住宅平均实现ZEH。

在不久的将来，ZEB和ZEH将成为人们习以为常的生活组成部分。那时，节能性优劣将成为左右不动产价值的重要因素。

高性能建筑贴上价格高、租金高、入住率高的绿色标签，发展为高价值资产。低性能建筑则是价格低、租金低、入住率低的棕色标签[1]。今后随着ZEB和ZEH的普及，平均节能性能水平的升高，现有建筑等遭遇棕色标签的大楼所占的比例也将随之升高。如果持有人无动于衷，那么这些大楼有可能会沦为价值暴跌的搁浅资产。

在日本，购买房地产时实施的尽职调查（审慎调查）所评定的抗震性能是1981年5月以前的旧抗震性能，还是同年6月以后的新抗震性能，会对不动产的价值造成天差地别的影响。如果不对旧抗震建筑进行加固，不能确保其抗震性能的话，就会导致折价。

另一方面，目前尽职调查基本还没有纳入节能性能项目。节能性能标杆BELS（建筑节能性能表示制度）于2016年刚刚起步，能够衡量节能性优劣的尺度尚未普及，该情况也会造成一定

---

[1] 2017年G20汉堡峰会召开前，气候透明组织（Climate Transparency）发表了《从棕色到绿色——G20国家向低碳经济转型》报告，该组织根据各项气候行动指标对G20国家进行打分并在报告中公布评分结果，得分越高，打分牌颜色越接近绿色，得分越低，打分牌颜色越接近棕色。——译者注

的影响。

不过，这些并不是对大楼节能性等闲视之的理由。重视环境、社会、公司治理的ESG投资正在向全球扩展，日本节能性能低下的建筑会被排除在投资对象之外。只要这些建筑存在，就有可能导致投资者撤资的风险。

节能性能优越的建筑，意味着更好的舒适性。如果租赁大楼的节能性不佳，企业将缺乏入驻的兴趣。因为在人才短缺的状况下，不舒适、不健康的室内环境将会对人才保障造成负面影响。

提高隔热性能，升级高效设备，以绿色标签为目标。从国内外招商引资，提高租户的满意度——这样做虽然租金暂时不会上涨，但会提高租户入驻率。有一项风险务必要规避，这便是贻误节能改造，导致大楼折价。

071

住宅负资产

贫民窟化导致地区贬值

草木荒芜，惨不忍睹，似乎台风一吹就要房倒屋塌，还有来路不明的人进进出出。闲置空房已经成为各地头疼不已的社会问题。然而用不了多久，商品住宅也会沦为贫民窟，同样遭遇这般评价。

富士通综研经济研究所的空房问题研究专家米山秀隆，把正在变成贫民窟的住宅称为“临界住宅”。米山在2015年出版的著作《临界住宅》中就曾指出“即将到来的空房问题”。

商品房变为贫民窟的原因之一，是没有进行规范合理的维护管理。钢筋混凝土结构的住宅需要通过定期大规模修缮来维持其性能，但是房龄越长，修缮的费用就越高，加之所有权人老龄化，达成协议的难度也越来越大。因而大规模修缮只得一推再推，而后老化程度进一步加剧，房屋贬值，入住者减少，最终沦为贫民窟。

根据日本国土交通省的统计，截至2017年年底，房龄超过40年的住宅有72.9万套。预计到10年后的2027年年底，将达到184.9万套，20年后的2037年，将增至351.9万套。相对于正在下降的日本人口及未来同样将减少的家庭数量，住宅过剩的时代即将来临。空房增多，住宅不可避免地会走上沦为贫民窟的道路。

城市规划专家指出，存在贫民窟化风险的住宅比比皆是，市中心和郊区皆有可能。这也可以说是一种海绵效应。不仅远离市中心、条件差的住房会贬值，那些欠缺抗震和节能性能、配套设施老化的住宅，没有安装电梯、不便于老年人使用的四五层的住宅，同样会贬值。

公寓楼变为贫民窟，同样会损害所在地区的形象。与闲置空房一样，会造成景观、治安等问题，降低当地作为住宅区的价值。进而有可能拉低周边地区的价值，也不利于其他提供配套服务的公司维持沿线住宅区的价值。本应是有形资产的公寓，反倒成了负资产。

绝不能对空置住房和老化程度已是触目惊心的住宅放任不管，必须要想办法对其加以利用。在人口减少、城市缩小的进程中，保持住宅的魅力，对于保持地区价值来说尤为重要。

072

无主坟墓增多

不再依赖墓地的祭奠选择

地方上的人口不可抑制地流向城市地区，把一个棘手的问题留给了地方，这就是越来越多的无主坟墓。无主坟墓指的是多年无人交纳维护管理费用，也无法与墓主的亲朋好友取得联系，不得不任其荒废的坟墓。

针对无主坟，城市地区由于墓地紧张，通常是将无人祭扫的遗骨合葬一处，拆除墓碑，重新平整为空地。然而在墓地需求量不大的地方上，就此放任不管的情况并不少见。例如，熊本县人吉市在对市内约千处墓地调查后发现，约1.5万座坟墓有四成多是无主坟。据说部分坐落在山区的墓园，其中约八成的坟墓都是无主坟。

可以预见，在少子老龄化程度加剧和终生未婚率上升的共同作用下，无主坟的数量将会迅猛增长。早在2009年，日本第一生命经济研究所调查了全国600位男性和女性，结果显示，回答称自己的坟墓“迟早会变成无主坟”的人超过了半数，达到50.3%。

过去，闲置住房一直是地方上的大问题，而无主坟还没有到这个地步。空房的出现是因为背井离乡奔赴城市的子辈不再返回老家，父母离世之后，他们中的有些人连家产也不收拾，就这么把空房子扔在那儿。坟墓也面临着同样的危险，但与空房相比，坟墓打理起来相对方便，而且亲戚中有人会代为祭扫，也不至于成为无主坟，因而问题并没有那么突出。

但是近年来，日本人之间的亲戚关系日渐疏远，亲戚们对那些把打理坟墓的事务丢给老家人，自己抛弃故乡一走了之的子辈们，常常怀着满腹牢骚。对此，解决办法之一便是从坟墓中收取遗骨，重新安葬到城市或郊区的新场地，也就是迁坟。

是否迁坟，必然要征求亲戚们的意见。子辈考虑到可能会遭到亲戚反对，加上那种丢掉列祖列宗家族墓地、心中无比煎熬的负罪感，他们根本开不了口。而且这种事也不能随便找外人商量，这个难以排遣、沉重郁闷的难题只能自己扛着。决心难下，百般苦恼，只有一拖再拖。这就是乡下无人祭拜的逝者越来越多的原因所在。

即便是征得了亲戚们的同意，着手迁坟时，能否保证城市或近郊有墓地等问题又摆在了子辈面前。人口源源不断地涌入城市，让找一块墓地成了难题，费用也不能和地方上相提并论。子辈一听到城市近郊的墓地价格便打退堂鼓，财力不足以迁坟的情况也不是没有。倘若让日本各地的坟墓跟随人口流向搬进城市，又将如何呢？这件事光想想就觉得很瘆人，而且还有可能引发墓地价格泡沫。

不过，最近迁坟之后的祭扫方式发生了变化。安葬在骨灰堂永世祭奠、抛撒骨灰、树葬、供奉在自己家里等无墓碑祭奠的形式成为新的选择，并渐次实现了商业化。其中甚至包括祭扫利用IT技术制作的坟墓虚拟图像。

如果不再依赖实体墓地，转而选择新的祭奠方式，还需要跨越一些更大的障碍，譬如说如何调和家族、亲戚朋友的宗教观念等。对于已经冲入人口减少时代的日本而言，转变包括世代相承的祭奠活动在内的价值观念，或许也是无奈之举。

073

地方政府的海绵化

地方政府调整导致市场流失

许多地方政府正在丧失灾后重建能力，比如，面对精准破坏某一地区的直下型地震时，或是面对2018年7月西日本暴雨时。在人口减少和老龄化的消耗下，地方政府的基础能力比我们想象的还要差。

2016年熊本地震发生，到了2018年7月，熊本县重建程度如何？截至目前，丰肥本线肥后大津站和阿苏站之间仍有27.3公里尚未通车，全线开通遥遥无期。位于震中的益城町，空地依然空着，有些建筑甚至还未拆除，就连镇政府办公楼都没有拆除完毕。熊本县内仍有约3.8万人生活在政府出资租用的应急临时住宅和民用建筑之中。复兴住宅建设也由于人手不足等原因，进度不尽如人意。

无论是否遭遇自然灾害，公共设施都在持续老化。各地陆续出现因筹措不到维护、拆除费用，只能任设施残破不堪的情况。设施的维护和管理费用不断上涨，今后，设施管理不善、实质性功能失常的地方政府将大量增多。人口减少，税收减少，让地方政府独木难支。日本改元为“令和”之后，很可能会出现超越“平成市镇村大合并”的地方政府再调整行动。

日本总务省自治体战略2040构想研究会于2018年4月发布了第一份报告，报告指出，“长此以往，居民生活和城市机能都将无法得到保障”，并列举了地方政府亟须解决的3个内政危机。分别是不断吸引年轻人但却不断老化的东京圈及失去支柱的地方圈，标准化人生规划的消失造成就业、教育机能不健全，海绵化城市和彻底老朽的基础设施。

如前文所述，城市严重的海绵化有可能会降低服务行业的生产力和行政服务的效率，引发该地区政府的存续危机，造成治安和景观环境恶化，导致城市衰退。这也可以解读为“地方政府和地区基础能力差”。

该研究会呼吁，各个市镇村应该放弃涉足所有领域、贪大求全的理念，并且提出由多个市镇村组成“圈域”，将其作为行政主体，推行法制化，共同承担行政服务职责的构想。但这么做的隐患是，服务功能最后会集中到圈域内的中心城市，加速周边地区的衰落，远离服务功能的居民生活会更加不便。

滨松市已经开始研讨重新调整行政区划，出台的方针是将2007年4月调整为“政令指定都市”时规定的现行7区体制削减至2个或3个区，并公布了新的区划草案。如果城市调整为两个区，根据估算，人事费用等每年各项开支最多将减少约10亿日元。

滨松市设想的“减少行政区划”和研究会建议“多个自治体合并为圈域”的构想，实质上都是要削减行政机构。其实对于企业来说，削减行政机构，等同于削减了商业订购方和合作伙伴。能够削减10亿日元预算，反过来也意味着10亿日元的市场将烟消云散。

074

管理不善的基础设施

造成伤亡事故和地区经济混乱

“当前，危机等级不断升高，已经成为一片危险水域。某天突然桥梁倒塌，造成人员伤亡，经济社会将遭到沉重打击……类似事件不可避免。我们要更为严肃地重申一遍：‘如果不立即进行正式养护，很快就会出现桥梁崩塌等牵涉生命安全和社会体系的致命性事件。’”

这是国土交通省社会资本整备审议会道路分会在2014年4月整理提交的《正式实施道路老朽化对策的相关建议》中有关“最后警告”的一节。对于没有充分落实维护保养的“管理不善的基础设施”，道路分会真切地传达出了他们强烈的危机感。

然而管理不善的基础设施并不只是桥梁隧道等路网。还涉及自来水管道、下水道、港口、河流管理设施等全部社会基础设施。这些社会基础设施曾在60年代后的经济高速增长期进行过集中整修，目前正在全面老化，而且老化速度极快。

根据国土交通省“社会资本老朽化现状及未来预测”，2023年和2033年，建成年限超过50年的公路桥占总体的比例分别是约43%和约50%，隧道约34%和约50%，河流管理设施约

43%和约64%，下水道管线约9%和约24%，港口码头约32%和约58%。也就是从现在算起，15年以后，约有半数以上的社会基础设施将成为建成年限超过50年的老旧设施。国土交通省正因为如此才奋声疾呼“要立即进行正式养护”。

然而，很多“管理不善的基础设施”面对的可能是“能否”进行正式维护的问题，而不是“有无必要”。原因大致有二：其一是始于90年代后期的公共事业削减，此举致使社会基础设施维护、管理、更新的预算未能得到充分的保障。据国土交通省2014年调查，约九成市区町村对“老朽化建筑物相关预算不足引发安全问题”表示担忧。另一个原因是缺少土木技术人员。在上述国土交通省的调查中，回答“没有”从事桥梁养护业务的土木技术人员的町约占总数的五成，村一级则约占七成。此外地方公共团体负责管理的桥梁约有一半的建设年份不明，而且存在“道路档案（桥梁记录）不完善”“大批道路管理人员未能妥善保管桥梁设计图纸”等问题。

如果对管理不善的基础设施放任不管又将如何？请回忆一下2012年12月发生的中央高速公路上行线“笹子隧道”（山梨县大月市）顶棚坍塌事故。长约130米的路段上方的混凝土顶棚坍塌，掩埋了多辆正在行驶的汽车，这起惨烈的事故造成9人死亡，刷新了日本高速公路事故的历史纪录。

根据国土交通省事故调查研讨委员会的调查，这起事故的原因包括施工时螺丝强度不足、固定螺丝的黏合剂老化等。笹子隧道原本就是“管理不善的基础设施”。自从1977年开通以来，从未对固定顶棚的螺丝进行过更换或维修。据说甚至在2000年以后，也从未实施过检验天棚螺丝是否存在异常的锤击试验。

种种原因导致事故发生，造成商品、邮政等物流业的混乱，减少了大客车客运量，道路封闭削减了游客数量，严重影响了地区经济。而且这一状态持续了很长时间，足足耗费了68天才彻底恢复通车。

075

无法运行的 IoT 住宅

保修将持续多久

《日经电脑》杂志有一个长期连载的栏目，名叫“无法运行的电脑”，主要剖析计算机无法运行的原因，间或揭示困扰IT行业的问题。自1981年开始以来，此栏目几经停办又几度重启，一直延续至今。目前，这个栏目可能将会推出IoT住宅系列。

IoT，即通过互联网实现各种物品之间的互联互通，IoT住宅就是IoT的住宅版，相关设备从2017年前后逐渐发展活跃。譬如实现机器设备、建材网络互联的住宅，也诞生了能够在其他地方用智能手机控制空调和照明系统，或是用监控摄像头和传感器看护孩子和老人的服务。部分IoT住宅甚至已经开始尝试利用AI

技术分析从每个设备和建材搜集的数据，预测住户行为，提高建筑的维护管理效率。

然而，部分家居行业从业者和机器设备制造商仍然对IoT能否良好地发挥作用有担忧。日本国土交通省在2016年举行的“充分利用IoT技术的新一代住宅恳谈会”的总结中提到如下两点：一些事项仍有待讨论，比如该由谁来负责运营这个网络；对确保机器连接和运行，需要明确划分职责，当住宅整体实现互联，则责任划分要更加明确。

例如，家庭电脑使用Wi-Fi浏览网站时，网站突然打不开了。造成这种情况的原因很多，例如正在浏览的网站、浏览器、电脑本身、Wi-Fi路由器、通信环境等出现了问题。通常，这些问题是由使用者查找然后予以解决的。然而随着家居物联服务的范围不断扩大，老年人等使用者的能力可能不足以自行解决这些问题。

前文提到的恳谈会提出，要明确责任范围，这一点确实非常重要。但对于使用方来说，他们希望有人可以一步到位施以援手。那么就需要解决人才培养和费用分摊的问题。为了避免在IoT住宅浪潮之后遗留下大批无法运行的IoT住宅，这两个问题必须解决。

要解决IoT住宅问题，需要掌握建筑、机器设备、通信、家电及计算机等多方面的专业知识。但是住宅建设的专业性越来越强，设备、水电管道相关的工程，住宅开发商一般会分别外包给专业的工程公司，并不存在掌握多种专业知识的复合型人才。

日本家电制品协会建立了既了解住宅又懂IT的智能家居专家Smart Master认证制度。Smart Master要具备住宅结构、性能等方面的知识，了解家电产品、住宅设施、能耗管控等产品技术的动态，能够跨领域地将各种产品和服务组合起来，根据每个消费者的需求，协助他们构建智能家居。

然而目前Smart Master实际的工作，却是在样板间和门店为消费者提供咨询服务，主要是在辅助销售。如果这些人能够在交房后继续与业主保持沟通，提供有助于解决问题的建议，那样将有望减少无法运行的IoT住宅。

另一个课题是费用如何分摊。当房产商和IT企业联合提供服务时，很难明确他们应如何分摊费用。

交房之后向业主提供维护服务并要求业主付钱，对于房产商而言原本就是一件棘手的事情。因为在交房之后一定时期内出现的任何质量问题，通常都是免费解决的。而且法律规定了透水等重大质量问题都有10年保修；设施、机器安装满2年之后，才可以提供有偿维护服务。现在，有必要推翻“保修”这种房产行业的商业习惯了。

是交房后随即由业主自行承担修理费？还是用其他方式筹措经费，继续让业主免费？房地产商和IT企业需要开创新的经营模式。

第九章　沟通不畅的风险

在网络时代，存在感为零

作者一览

日经 BP 综研 沟通交流实验室

中须让二

大冢叶

江田宪治

藤野正行

德野健一

原田香

076

企业存在感为零

企业名称在网上搜索不到

企业和组织的品牌是魅力的源泉。要吸引优质人才，获得股东和合作伙伴的支持，以及让顾客和使用者成为粉丝，都离不开品牌的支撑。

如今，产业界都从曾经的成功经验中跳脱出来，重建商业模式，并将其他行业也纳入视野。因此，组织必须适应业务重组和行情变化的速度，机敏灵活地打出品牌战略，与利益相关方保持沟通。然而，只有为数不多的日本企业能够做到这些。

日经BP咨询从2002年开始实施以消费者为对象的“企业负面印象调查”，在日企中挑选了500个企业品牌，设置了“可信度低”“人才度低”“信心度低”“一流度低”“业务认知度低”等5个项目，用以评定企业品牌的负面印象和正面印象。

从近年的趋势来看，“业务认知度低”项目的得分尤其突出，这意味着很多从事企业间交易（B2B）的优秀企业，其业务内容并不为人所知，也没有给人留下深刻的印象。这些业绩优异、在行业内占有较高份额、稳步推进国际化发展的企业，认知度却很低。

许多B2B企业的业绩，在业内大名鼎鼎。然而，当他们想要优化人才队伍，跨行业拓展客户的时候，假如人们对该公司的业务认知度垫底，那么哪怕他们在本行业中业绩再优秀，也是无济于事。公司本来的风采无人知晓，未免太过可惜。

另一方面，再看看那些一直以来积极投资新领域，抢占市场，致力于业务多元化的企业，他们“业务认知度低”的得分普遍低于平均。其中有些企业近年来迅速实现业务转型，有些企业的新业务与过去的公司名称相去甚远，但由于涉足新事物，它们都获得了一定的知名度。

重视公司宣传、从事与消费者面对面的相关业务（B2C）的企业，同样不能松懈。进入网络时代后，信息发布变得轻而易举，但负面影响是信息泛滥，如果网络搜索排名靠后，那么这家企业便形同乌有。

而且最近逐渐步入家庭的智能音箱，其能够回复的信息仅限于“有”和“无”。“搜索排行榜上有这家企业”之类委婉的话，它是说不出来的。所以哪怕企业制作了主页或官网，只要上不了热搜，就等同于不存在。

当然，互联网并不是唯一的信息传播手段。企业应当采取包括借助传统媒体在内的合适的宣传手段，保持同客户及公司内部的沟通交流。

077

顽固的大众印象

企业的改变不为人知

企业一旦建立起固有的品牌形象或大众印象，那么这种印象不仅难以改变，还可能成为企业未来之路的绊脚石。人才录用，便是遭到“坚如磐石的大众印象”这一恶劣影响波及的范畴之一。

尽管企业对经营战略和业务结构做了巨大的改变，但如果学生或其他希望跳槽过来的人对此不了解，那么员工入职前的印象和入职后的工作就会产生落差，甚至有可能导致这些人离职。由于日本目前人手短缺的问题愈发严峻，所以这种打击将会造成不可估量的后果。

近年，本公司职员介绍自己亲朋好友入职的内部推荐（介绍）模式渐渐流行开来，这一方式在谷歌等人才竞争如火如荼的美国IT企业内风头正盛。它完全不同于以往那种凭借客户或权贵的关系走后门的录用。但尤其要说明的是，假如本公司员工不了解企业的最新面貌，那么这种内部推荐模式就无法发挥效能。

例如，先锋集团就正在实施内部推荐。该公司积极推陈出新，2015年3月宣布进军家用音像设备器材市场，目前又全力投入汽车领域。这些真实动态需要让应届毕业生知道才行。

家具连锁巨头似鸟集团从2019年4月开始，从应聘者填写的申请表中删除了“应聘原因”一栏。该集团的主营业务是家具制造、销售，但也会雇用那些有志于金融或大宗贸易等其他行业的学生，以期能够开拓新的业务。在这种情况下，打造新的企业品牌、制定沟通交流战略，也变得越发重要。

只有充分关注本公司固化的品牌印象，才能准确向他人传递企业正在稳步转型的未来形象。

078

可悲可叹的周年庆

原因在于准备不足和缺乏远景规划

周年庆对于企业来说，是纪念创业和公司成立的重要活动。很多企业会制作年度大事记、周年历或是举行纪念仪式。但如果周年庆缺乏明确远景规划，只是走走形式，将达不到任何正面效果。如果周年庆既不能让公司价值或发展战略得到公司内部的认可，也达不到对外宣传的目的，那么花再多的钱，这种宣传也必然是一次失败。

从事企业品牌咨询业务的Mint Branding董事长守山菜穗子曾说过：“事先没有明确规划和目的的周年庆是失败的。”

举例说明。守山女士说：“某公司委托给广告代理商的50周年店庆活动预案十分潦草敷衍，竟然是‘姑且弄个什么方案看看’。”而后，代理商递交了厚厚一摞计划，但该公司内部一番商议之后却反响平平，以价格不合适为由全部驳回，让广告代理商推倒重来。其实公司内部已经敲定了周年庆的目的和预算，但却欠缺与活动合作方的沟通，没有将自己的意愿准确传达给对方。

还要注意，周年宣传活动有各式各样的宣传方法，比如，打广告或是在名片上印制周年logo（标志），但守山女士提醒：“一旦广告用词含糊，很可能会让人误以为活动仅限当天，过期不候。”此外，有时双方交换名片之后，对方客套说：“今年是贵社×周年呀。”员工的反应却很淡漠，这也可以算得上是公司周年庆宣传活动未能深入人心的案例之一。

成本预估错误，也常常会搞砸周年庆活动。“某公司想要借周年庆的机会更新logo，让企业面貌焕然一新。为了尽快在名片上印制新Logo，很快就向印刷厂下了订单，而后企业才意识到，需要修改的还有公司宣传册和网站，导致成本暴增。”（守山女士）

甚至还有企业忘记本公司周年庆的情况。某公司委托守山女士为其进行品牌宣传，调查后发现，1年以后这家企业就将迎来60周年庆典。于是守山女士修改了方案，建议该公司围绕60周年庆典来打造公司品牌。守山女士指出：“创业以来日积月累的经历，才是企业真正的品牌价值所在。希望企业能够积极主动地利用‘企业历史’这份用金钱买不到的财富。”

周年派对之类的活动，还可能会造成惨不忍睹的失败。有的公司为了炒作，请来著名歌手、演艺明星，然而结果往往是空热闹一场。那些明星是企业品牌必不可少的人物吗？公司内部全体赞成这种方式吗？守山女士强调："需要事先研究花钱请这些人来的意义。"因为类似的活动年复一年地举行，所以企业有可能会一错再错。"活动结束后，一定要征求负责人的意见，为下次举办留下可回顾的资料。"

周年活动的项目之一——公司史，同样存在难点。某公司周年活动负责人面对着公司创业80年的史书苦笑道："这真是一件凶器。"5厘米厚，3公斤重。从盒子里取出的公司史，布封面上金灿灿的公司大名呼之欲出，粗略计算，正文约有上千页。负责人说："几乎没人读完过。"看样子，这只是一部用来装饰总经理室和接待室书架，而非供人阅读的年史。虽然它具有资料价值，但如果不能被公司内外的读者接受，那么也很难算得上是成功之举。

这家制作了80年史书的公司，马上就将迎来100周年庆典。负责人在被问到"您是否希望下一次不再制作盒装书，而是制作便于检索和保存的电子书"时，欲言又止。"在我看来，能不做最好不做。但如果在100周年这个节骨眼上废止了这个项目，那领导和老一辈员工会怎么说我？"负责人满面愁容。既然制作传统型的公司史不可避免，那么其实可以把公司员工和合伙人也写进历史，或是让员工参与编写，从而提升公司的凝聚力。这样可以更加灵活地实现沟通交流，也不失为一个办法。

周年庆活动即使失败了，也算不上是什么社会事件，既不会上新闻，也无须公司最高领导人出面道歉。但是对于企业来说，事实结果是企业未能抓住这一机遇。如何才能让公司内外充分了解周年活动的目的，让周年活动不再是一场转瞬即逝的表演呢？

对此，守山女士强调："关键在于品牌宣传。要让全体员工深刻了解公司的前景规划，了解公司要借周年庆的机会实现怎样的自我定位。"为此，沟通交流必不可少。"首先，公司的老板应该对公司内外阐述公司史的意义和对未来的构想。"而方法之一，便是管理者向各部门发送致辞视频。

周年庆只不过是一个名头。为什么不借此或多或少地改善一下本公司的品牌宣传和沟通交流呢？

日本的公司史研究专家村桥胜子曾说："公司史是企业经营战略之集大成者。"村桥女士查阅过1万部已出版的公司历史，多角度分析之后写出了《公司史研究》（2002年，日本钻石社），介绍如何从公司史当中汲取具体的经营战略。

希望企业都能够用这样的态度，将公司史及周年庆典，看作是制定公司永续发展战略的良好机遇。

079

没有下文的中期经营计划

徒有其表的中期经营计划毫无意义

企业每隔三五年就会汇总和发布中期经营计划（中计），这涉及企业的发展进度和股东分红等资讯，所以投资者对此非常关注。企业在制定“中计”的时候，通常会先召开经营会议进行审议，做出决议之后向公司内外宣布。面向公司员工的宣布方式有举行内部说明会、内部网络或公报传达等；外宣方式有发布投资者关系（IR）报告、举行新闻发布会等。但实际上很多时候，这些“中计”的内容并没有充分渗透到公司内外人员的思想之中。

某个经营健身俱乐部的企业发言人慨叹道：“管理者没有把想法传达给员工。”“总经理在官网内部公告上亲自撰文，向员工阐述经营方向。但从网站的浏览记录来看，其实没有几个人看过总经理的文章。”

某金融信息服务公司经营企划办公室的负责人坦言：“两年前制定并发布的‘中计’已经渐渐被人抛在了脑后，因为社会情况也有所变化。所以下一次制定‘中计’时，我们打算围绕一线员工来制定。”

也有人质疑“中计”流于形式。早稻田大学研究生院经营管理研究科的入山章荣副教授指出：“最严重的问题是日本企业的‘中计’做完以后便被束之高阁。”“千辛万苦耗时半载制定了企业未来几年的规划，然而经营者此后一次都没有修改过。”入山教授表示，为了应对风云激荡、变数颇多的未来，远期规划比手头事项更为重要。“管理者必须要预见到20年、30年以后的未来，而不是止步于几年以后。首先要构想几十年以后的社会未来，然后针对这一构想，思考本公司能够发挥何种优势，以及从长远来看，本公司能够为市场和顾客提供何种价值。”

入山教授还强调了一点，这就是“公司内部融会贯通”。首先要让管理者提出的构想浸润公司内部，让管理层和员工达成共识，随后再制定年度预算等短期计划。

入山教授称，日本企业的“中计”进展不顺，大多是因为尚未领悟长期规划便制定了3年计划。“比方说新业务，最初两三年大刀阔斧地设置新部门，然而随着资源、成本压力增大，企业渐渐力不从心。如果从一开始就制定稳妥的长期计划，公司上下融会贯通，从高层到员工齐心协力展开行动，那么即使中途遭遇再多的挫折，也会向着目标一往无前。”

日本的中期经营计划的“中期”约为3年，这个时长不上不下，对此，入山教授也提出了疑问。“国外企业大多是以短则二三十年，长则百年的时间跨度来展望世界，进而让公司内部对规划理解达到融会贯通。这些企业也会在这一基础上制定中期计划，但在预算方面却是逐年具体落实。这样也就实现了超长期和短期相得益彰的效果。”

日本企业将“中计”规定为3年，主要是因为企业的总经理通常每3年任满交接，但入山教授指出：“可以不必拘泥于这一期限，制作一个二三十年的‘中计’。中期应该是多少年，每个企业的理解都是有区别的。”

关键是企业要有长期跨度的经营规划，管理者还要能够把这一规划传达给一线员工，并且做到深入人心。否则，员工便没有了工作的动力。入山教授认为，与其制定一个徒有其表、敷衍了事的“中计”，不如用开创企业未来的举措来引领创新。

而且，制定“中计”不一定要限制在公司内部，还可以让公司外的合作伙伴和专家参与。在分析企业外部环境时，公司内部通常采用客户（Customer）、竞争对手（Competitor）、本公司（Company）的3C分析法。但仅仅这些是不够的，还需要召开公司外部专家、合作伙伴均参与其中的听证会、研讨会，发掘潜在市场。此外，企业还可以进行跨行业交流，统揽行业发展趋势，从而了解本公司业务种类以外的其他行业的变化。

研究“中计”发布方式时，也应该按受众而有所区别。除了开篇所述的面向公司内部的说明会、公司内部公告，面向股东的IR报告、综合报告，面向业内还可以采取在媒体上发布总经理座谈报道、举办展会等方式；面向学生，可以申请去大学授课，或者举行企业大学联合研究；面向社会，可以发布公司新闻，或是出版刊登企业远景规划相关的书刊。

综上所述，为了不让“中计”半途而废，管理层需要俯瞰世界和本公司的未来，参与设计规划，需要视情况吸纳公司外部的真知灼见，还需要让公司内外对制定的“中计”达成充分共识。

080

企业媒体“起火”

网络时代的新陷阱

网络的出现给企业和消费者的沟通交流手段带来了巨大变革。在此之前，企业向消费者发送资讯，主要采用的是间接手段——借助媒体，譬如电视节目、报纸广告等。

但是互联网普及之后，企业可以通过网站或电子邮件直接向消费者发布信息，企业和消费者之间的沟通从企业单方面发送信息，转变为双向关系。而且伴随着智能手机的普及和社交网络服务的出现，企业和消费者沟通交流的双向性越发增强，可以说是处于一种实时连通的状态。

身处互联网社会，网站和企业社交网络服务等能够自主发布信息的媒体——也就是所谓的自媒体，变得更加重要。与此同时，互联网社会所独有的“起火”事件也频频发生。

“起火”是一个网络用语，用来形容所发布的信息导致互联网上的批评指责蜂拥而至、无法收场的状态。对于企业来说，网络“起火”有损品牌印象，事态严峻时甚至会损害经营管理。

试看几个“起火”案例。2015年，日本时装品牌LUMINE在网上发布为职场女性加油的特别电影视频，其内容被认为是歧视女性，被讥讽为性骚扰广告片，批评声陡然而起。次日，视频停播，该公司在网上公开道歉。2017年，某女明星出镜的某地方旅游宣传视频遭到广泛批评，被迫停止播放。同年，某酒厂的新品宣传视频也引发了同样的事态。无一例外都是因为视频存在性暗示，引起了轩然大波。

推特、Facebook等社交媒体的企业官方账号，所发布的信息同样曾引发“起火”事件。2017年，夏普的推特官方账号“夏普制品”发布了一条点评任天堂产品的消息，一经发出便遭到网友围攻，账号被迫关闭。

网络“起火”之初，先是批评的声音在社交媒体和评论区扩散，而后，综合网站或新闻网站对这些发声进行摘要发布，然后这些言论进一步扩散，如此愈演愈烈。

即便企业删除了视频和消息，但只要是在网上公开过的东西，就会被浏览者保存，有时还会被截图，处于一种任何人都可以半永久性浏览的状态，甚至会遭到二次发布。

为了不让员工发布的评论“起火”，企业对负责宣传活动等工作的信息负责人的教育必不可少。例如，从事电子竞技相关产业的CyberZ公司已经开展了面向职业选手的社交媒体礼仪指导培训。因为电竞大赛冠军得主曾因在社交媒体上的言论引发“起火”风波，此举也是从中吸取教训。新兴产业想要被社会了解并获得发展，就需要将大量随机出现的非议和抨击扼杀在摇篮之中。需要未雨绸缪的，并不只有电子竞技产业。

话说回来，企业发布信息的目的之一便是成为网络热门话题，借助社交网络实现宣传扩散，也就是所谓的“炒作”。因而，信息发布负责人、广告负责人发布的内容在某种程度上不得不和“起火”打一些擦边球，但一旦尺度过大，就会引火烧身。

虽然网络“起火”会损害公司的品牌形象，但目前还没有对业绩造成过太大的影响，也没有发展到管理者被问责的地步。不过，眼下情况有变。

2016年，IT巨头DeNA旗下的健康医疗信息网站WELQ遭到非议，导致该公司运营的策展媒体（汇总信息的媒体）几乎全部关停。这是原本有望成为这家企业新产业支柱的商业模式，却因网络“起火”而功亏一篑。

WELQ是一家依靠广告获益的策展媒体，因而较之于信息的准确性，其更加注重批量生产的医疗科普文章在搜索引擎上的排名。因为这涉及健康问题，人命关天，企业道德随即遭到质疑，网上的批评声接踵而至。之后，该网站医疗用语解释缺乏依据、擅自转载其他网站文章、过度暗箱操作SEO（提高搜索引擎内排名的方法）等媒体运营方面的问题接连在网上被曝光，发展为严重的“起火”事件。

081

内部泄密

国家引入司法交易制度，支持内部揭发

2018年6月，日本引入了以从轻判处刑罚为条件换取被告人有罪答辩的“日本版司法交易”。适用对象不仅包括诈骗、恐吓、药物枪支等犯罪行为，还包括行贿受贿、偷税漏税、垄断、串通投标、会计欺诈、内部交易等经济犯罪。预计今后在多家企业共同犯罪的案件中，越来越多的企业将会积极采取司法交易的方式，保护本公司的员工。

政府将新制度称作“协议合意制度”，而非司法交易。此次获准引入的是用协助调查他人案件和公审换取从轻处罚的调查公审合作型司法交易。司法交易还包括以认罪来交换有利判决的自

我认罪型，二者在美国都是允许的，但目前日本只认可调查公审合作型。

美国在2015年年底出台了对汽车缺陷的内部揭发制度《汽车安全告密者法案》。根据这项法律，如果企业在研发阶段涉嫌违反美国汽车安全方面的法规，员工可以直接向美国司法部、运输部或FBI揭发。美国政府责令企业必须保证揭发者的地位不受损害。美当局试图通过直接征集内部揭发的方式，对质量问题做出预先防范。

在美当局根据揭发内容曝光厂家的违法行为，且所处罚金超过100万美元的情况下，揭发者将获得罚金的10%～30%。

美国的告密者法案出台的契机是高田气囊安全隐患问题。第一批适用该法案的是两名前高田员工，据报道，他们获得了113万美元的奖励。该法案不仅适用于汽车制造商，也适用于与汽车厂家存在交易往来的原材料供应商。

普遍认为，日本版司法交易和美国的内部揭发制度，会让日本企业也出现更多的内部告发的情况。2018年，日本企业陆续曝出产品数据造假等多起丑闻，其中由员工或前员工告发而曝光的不在少数。

政府积极完善内部告发制度，希望能够找到监督企业不当行为的办法。日本消费者厅对企业内部告发制度的实际效用进行评估，并于2018年9月开始实施认证制度，对妥善运用这一制度的企业予以认可。因为如果在揭发之后没有适当的调查跟进，那么内部告发制度将形同虚设。

互联网也在很大程度上影响了内部告发。从事防止互联网诽谤中伤、声誉受损等服务的日本Eltes公司方案规划部部长国松谅说：“近年来，泄密案例显著增加。”

所谓泄密，指的是明确，且较为详细地记录企业内部发生的事情或数据。不论有没有内部揭发的意图，其结果都等同于揭发。

2016年发生的日本电通集团女职员过劳死一案，就是由于相关人员将事情的原委发布到网上，导致此事成为轰动一时的新闻。东丽集团子公司东丽Hybrid Cord（THC）产品质量数据造假的问题，同样起于相关人员的网上留言，进而被公之于众。

被泄密的事件或现象，大多处在企业的灰色地带，曾经在一定程度上是被默许的。但是如果存在法律问题，那么就绝不允许隐瞒不报。

本书第四章曾谈到，企业亟须在公司治理方面加大力度。尽管有些难度，但企业仍需利用内部揭发制度，查找企业问题，进行自我揭发。如果企业在毫不知情的状况下被曝光，那么将遭到双重打击。

企业既要努力打造开放公平的商业手段和人事制度，也要在提振员工士气、提高员工道德水准方面有所作为，而且要将这些举措开诚布公地展示给公司内外。很多企业引入内部揭发制度，却始终收效不大，最大的原因就是员工认为自家公司和这个制度都不可信。

有可能泄露信息的人，不只有企业内的正式员工、非正式员工和临时工，他们的家人、退休员工、往来客户等相关人员也都掌握着企业的信息。企业不可能将这些人逐一监控起来。端正态度、为创造一家好企业而不懈奋斗，才是最根本的解决办法。

082

突如其来的口诛笔伐

街谈巷议背后来袭

内部揭发和泄密在实施时都带有一定的目的性，但员工无意间的留言或发帖，同样会对企业造成意料不到的伤害。

某银行职员的家属将演艺明星光顾该银行的消息发布到了网上，引发轩然大波。对于有义务保护客户隐私的金融机构而言，这是一个致命的问题。该银行表态，将竭力杜绝类似情况再次发生。

某汽车制造厂也发生过一起令人瞠目结舌的事件。工厂的一名员工不仅公开了厂址和工作内容，还把尚未发售的新车信息和视频都放到了网上。泄露新产品设计和名称的案例并不少见，这种行为会被立案调查。

任何行业都无法避免这种负面风波。造成这类问题的员工其实大多没有恶意，他们当中的大多数，初衷只是为了自我表达，以致轻率地在社交网络上发布了信息，引起骚乱之后才意识到问题的严重性。但这对于企业来说却是一场突如其来的口诛笔伐。

这种由员工引发的、不可控制的街谈巷议，其影响正在发展到不可等闲视之的地步。例如，在就业信息评价网站上，众多准备求职和跳槽的人，都会浏览员工或前员工留下的评论信息，作为是否去该公司就职的判断依据。

员工的年龄结构、工龄、薪水支付体系、女性管理者的数量、面试内容等人事信息流入互联网后，部分内容有可能会损害公司形象。如果有关劳动环境的留言致使企业雇用计划陷入停滞，无法招收所需人才，将会对企业造成沉重打击。

为此，招聘负责人需要仔细查看就业活动和应届毕业生招聘评价网站，以及员工招聘和评价网站等，确认与本公司有关的留言。

美国的管理者已经开始主动回应评价网站的留言。据称，在美国大型求职信息网站Glassdoor上，越来越多的CEO面对匿名留言也会态度诚恳地予以回复，以期提高公司的支持率。

此外，有观点认为，评价信息透露出来的员工满意度关乎公司业绩。信用调查公司Credit Pricing Corporation和日本员工评价网站VORKERS以评价信息为基础，制定了评价企业组织文化的量化标准。它们使用深度学习解析有关企业风气的正反面评价，计算该得分与企业收益率之间的关系，并向金融机构提供数据。

口诛笔伐的可怕之处在于，不知道哪一天企业突然就会遭遇毫无事实根据的诽谤和中伤。

日本东名高速公路交通事故发生后，因涉嫌危险驾驶致人死亡的嫌疑人的所在单位某建筑公司的名称被人在网上公开，其实该公司与这起案件毫无瓜葛。尽管如此，据称该公司的相关人员在公司名被曝光后随即遭到了电话威胁，部分客户还终止了往来。

绝对不能忽视网上或社交媒体上有损企业形象的留言评论。企业都希望能够在与律师等专业人士沟通之后尽快删除相关内容，达到止损的目的，但实际上这样操作的难度很大。

首先，普通企业几乎无法监控浩如烟海的网上评论，因此，专职监控网评的企业应运而生。例如E-Guardian，该公司利用计算机对评价网站实施24小时监控，一旦发现反社会性质的诽谤中伤或内容不当的留言，就会立即向网站运营者通报，并要求其删除留言。

但有时，评价网站的信息虽然能够删除，但搜索引擎仍会有信息残留。

2018年1月，东京地方法院驳回了某网络公司申请删除信息的诉求。该公司的理由是在搜索其公司名称时出现“骗子”“被骗过”等搜索结果，对其造成了名誉损害，因此要求谷歌公司删除相关信息。

诉求被驳回的依据是提供搜索结果的行为权利优先于个人名誉权。只有搜索结果不实，且有可能造成严重的、难以恢复的损害时，才可以以损害名誉为由，勒令其删除。

在这起案件中，原告声称“其业务从未涉嫌诈骗”，但谷歌方面则表示“国民生活中心留存有该企业诈骗咨询的相关档案，因此搜索结果是真实的，并未对名誉权构成侵害”。

083

“灭火”失败

错误的道歉方式导致再度起火

火不会从一开始就熊熊燃烧。小火苗的时候将它扑灭便可以避免火灾，不过“灭火”不是一件容易的事。倘若准备不足，“灭火”失败，反而会让火烧得更加猛烈。

某酒店员工发布的一张恶作剧照片，引发了轩然大波。然而问题发生后，该酒店的道歉又引起了新一轮的批评。涉事照片的内容是员工赤身裸体在倒满热水的厨房洗涤槽里洗澡。对此，酒店发布的道歉声明是这么写的：餐具并没有接触到这些热水，所以不会损害健康。事件的根源是员工道德素质低下，可是酒店方面的道歉偏离了正题，结果批评留言剧增。

网络和社交媒体上的评论、评价既可以成为增加利润的助推剂，也可以变成业绩增长的拦路虎。一旦“起火”初期“灭火”失败，那么对于评价直接关乎效益的酒店、餐饮行业而言，这将会成为涉及生命线的问题。

研究“起火”问题的Eltes公司下属企业Eltes Capital的安达

亮介董事长称，“灭火”失败的主要原因在于道歉内容。道歉偏题，或是在道歉内容中加一句“我们没错”，在日本这些做法通常被看作是缺乏诚意，很容易再度造成“起火”。

学生对老师施暴的视频被曝光后，某学校发布了“时常告诫学生社交媒体具有危险性”的偏题回复，致使自己站上了风口浪尖。之后又再次遭到非议，则是因为这篇道歉信的内容被发现与其他学校的道歉信雷同。抄袭曾经用过的道歉信，网上一搜，随即败露。

084

危机公关的危机

觉得“情况并不严重”是大忌

企业的质量数据造假、食品污染、信息泄露、假账等丑闻和违法违规行为格外引人注目。当风险已经演变为实际爆发的危机，就要动用危机管理，尽量将损害降至最低。

典型案例之一便是造成神户制钢董事长兼总经理川崎博也辞职的产品数据造假案。2017年10月，该公司的铝、铜产品被曝出质量数据造假。关注一下该公司的危机公关可以发现，企业高层管理者从得知丑闻到公开宣布，足足花了1个多月的时间，而且媒体每曝光一点问题，他们便跟在后面承认一点，在信息公开方面反反复复地亡羊补牢，甚至在发言中提到“这次问题出在与客户签订的合同上，并没有违反法律法规”，给人以试图大事化小、小事化了的感觉。

危机公关是一个古老而又崭新的管理课题。2000年，日本雪印乳业（现雪印Meg-Milk）集体食物中毒事件的善后措施，就是一个众所周知的反面典型。该公司不仅迟迟没有召回产品，也没有召开记者发布会，总经理的一句“我到现在都还没有睡过觉”，更是引发了潮水般的批评。

企业还必须要充分应对危机管理公告方面的变化。日本经济广报中心的常务理事、国内广报部部长佐桑彻表示：“随着社会环境的变化，危机日趋多样，企业需要更为迅速地应对。不可预知的事件越来越多，很多情况下难以沿用以往的经验。”

第一个变化就是泄密问题，这在前文中已有提及。终身雇用制不再稳定，员工对企业的忠诚度也下降了。想要把信息保留在公司内部，变得越来越困难。

第二个变化是发达的社交网络服务。关于“起火”问题已经谈过了。此前，企业的公关对象都是利益相关者，但随着社交网络的普及，没有直接利害关系的普通人群也变成了公关的对象。

第三是对遵纪守法的社会观念上的变化。过去被认为是理所当然的习惯或共识，有可能会发生改变。“以前拎着点心盒子去道歉就万事大吉的那种小小的牢骚不满，而今但凡有所疏忽，就会演变为重大危机。”（佐桑部长）

万一丑闻真正爆发，应当采取怎样的对策才能将损失控制在最低限度？危机公关专家大森朝日先生指出，关键在于及早应对。“危机公关的重点是要能够迅速准确地判断事件的重要程度，找准能够得到社会谅解的着力点，并控制住局势。假如第一步就走错了，那么很可能会节节败退，满盘皆输。”

大森朝日先生提到的常见错误是“试图大事化小”。“如果不能直面丑闻，那么很容易出现‘情况并不严重’‘不存在安全问题’等言论，这些言论会对信息公开造成负面影响。千万不要忘记，评判严不严重、有没有安全问题的不是企业，而是整个社会。”

第十章 AI应用风险

伴随IT而生的担忧

作者一览

日经 BP 综研合伙人

桔梗原富夫

日经 BP 综研 创新 ICT 实验室

星野友彦

濑川弘司

井出一仁

渡边享靖

菊池隆裕

森側真一

谷岛宣之

085

学习数据污染

清洗工序占八成

2010年后，AI的受关注度直线上升，它得以推广应用的机遇是AI领域之一——机器学习及深度学习的崛起。2012年，多伦多大学教授杰弗里·辛顿（Geoffrey Hinton）率领的团队借助深度学习，在图像识别精度比赛中一举夺冠并大幅刷新纪录。之后，该技术日新月异，短短数年，识别率便超越了人类。

深度学习具有极大的可塑性。从未学习过的AI就如同刚刚降生的婴儿，什么都不知道，什么都不会做。只有让它大量学习数据，它才能变得聪慧灵敏。例如，金融服务业如果想要知道借款人有多大概率全额偿还借款，就需要掌握规模庞大的历史交易数据。

深度学习崛起，得益于日渐提升的计算机运算能力，以及计算机能够获得充足的、可供学习的数据。目前在数据搜集方面，从事全球网络服务的谷歌、苹果、脸书、亚马逊四家公司被认为已经抢占了优势地位。这四家公司分别在搜索、智能手机App、朋友圈、电商等领域控制了绝对数量级的数据，通过分析这些数据，预测使用者的行为，可以刺激购买和消费。

为了提高深度学习的精度，就需要让计算机学习“好数据”。反之，如果让它学习的是“坏数据”，那么不仅精度得不到提升，还有可能引发极为严重的事态。

美国微软公司研发的聊天机器人Tay就是一个典型的例子。研发Tay的目的是试验让AI学习人类的对话。Tay会在推特等社交网络上与使用者对话聊天，它于2016年3月23日发布，但仅仅十几个小时后，它就冒出了种族歧视、性别歧视的言论。察觉到问题的微软公司在3月24日便以调整算法为由，关闭了Tay。

Tay出现不良言论的原因，是一部分使用者向Tay反复灌输歧视性言论，强迫Tay进行学习。当然，这个案例存在一部分使用者故意输入不当数据的特殊因素，但也明白无疑地展示出如果让AI学习“坏数据”，将会造成怎样的危害。

为了规避这些问题，在学习之前，一定要对学习数据进行“清洗”。清洗是从AI需要学习的数据中，将不恰当的数据或缺失值剔除，让数据变“干净”，从而让AI正确学习。数据清洗十分费时费力，其花费的时间在构建AI程序的整体工序中超过八成。像Tay那样在投入使用之后还需要追加学习的情况，也需要进行数据清洗。

清洗时会预先清除“坏数据”，以免AI学“坏”。例如Tay，歧视性的对话结果会被看作是一种不符合学习意图的数据而删除；人类无法做出准确判断的数据同样不能够使用。譬如识别狗的图像，如果所拍摄的狗的图像过小、角度不佳等，导致人类也无法识别，那么这些图像同样会被删除掉。

有一些工序与一般层面的数据清洗具有共通性。例如，当学习数据是问卷调查结果时，并非所有问题都有答案，其中会夹杂一部分不完整的数据。这时就要删除有缺损的数据，让AI学习答案完整的学习数据。当缺损过多，学习数据的数量明显减少时，还需要用平均值等其他数值进行替换。

当学习数据有多个来源时，需要完善数据的内容和标注。本公司系统数据、付费或免费的各种公开数据，以及已经完成学习并公开发布的其他AI及其数据，通常都可以利用，但大部分都存在数据形式差别和标注不一致的情况。所谓标注不一致，是指表示同一事物的用语不统一，或是英文字母、全角半角混用等。

086

技术人员短缺

年薪超过 1 亿日元的全球人才争夺战

提起AI，它其实是利用深度学习等机器学习和自然语言处理技术的信息系统。在即将到来的这个时代，企业竞争力取决于是否善于利用这些AI技术。不过，数据污染等问题的出现，让AI牵涉到不计其数的不确定性，以至于能否构建AI框架都尚存疑问。

首要的问题是AI技术人员短缺。AI人才争夺战愈演愈烈，系统集成巨头、互联网初创公司这些IT企业自不待言，就连制造、金融、流通等AI应用企业，也同样想方设法地保有AI人才。然而，仅有一小部分公司能够获得质量兼备的AI人才。《日经电脑》杂志2017年秋所做的调查显示，接受调查的44家日本企业中，有九成回答“缺人”。日本经济产业省公布的数据显示，到2020年，AI和IoT行业尖端IT人才缺口将达到4.8万人。AI曾在20世纪90年代遭遇冷冬，这个冬季一直持续到2010年前后。在此期间，大学和产业界几乎没有培养出相关人才。

放眼全球，AI人才匮乏的问题同样严峻。根据中国IT巨头腾讯发布的《2017全球人工智能人才白皮书》推算，全球活跃的AI人才约为30万人，远远少于100万人的需求量。

最直截了当的获得AI人才的方法就是从公司外部招聘，但这种简单粗暴的方法是行不通的。一是因为日本国内劳动力市场上鲜有跳槽的AI人才；再者，即便有人才，其待遇要求也相当之高。

美国AI人才的年薪换算为日元，达到几千万的可以说是家常便饭，而能够创新AI理论或研发新算法的顶尖人才最少也要1亿日元。面对白热化的跨境AI人才争夺战，日企的薪资体系很难提供这样的待遇。经营时尚电商网站Zozotown的ZOZO公司（原Start Today）在2018年4月成立技术分公司，该公司在招聘时打出了“寻求7位天才和50位精英”的口号，年薪上限为1亿日元，以此来招揽人才，但这样的企业在日本仍属特例。

在AI人才严重供不应求的状况下，薪资额度今后或将继续暴涨。《2017全球人工智能人才白皮书》称，全球教育机构每年输出约2万名AI人才。但以埼玉工业大学为例，该校虽然设置了AI人才培养课程，但课程招生只有40人。

也有些企业亲自培养人才。例如，大金工业就提出了要培养不少于600名AI人才，2020年前人才规模达到700人的目标，并且开设了公司内部培养项目——大金信息技术大学。公司招聘大阪大学的教员作为讲师，与公司内部的研发部门合作设置独立课程。2018年4月进入公司的理科员工2年内不会实施二次分配，而是要去这所大学接受培训，力度之大，可见一斑。

为了从AI人才全球争夺战中胜出，站在关乎未来生死存亡的起跑线上，企业不仅要雇用和培养AI人才，还要严肃斟酌人才待遇问题。好不容易雇用或培养出来的AI人才很有可能会被外面挖走。当然，研究内容的先进性和所研发的产品、服务等的吸引力及公司的远景规划等也非常重要，但这并不是疏于改善AI人才待遇的借口。

087

不开放API

脱离经济体系导致无人问津

写入AI程序的智能音箱——也就是所谓AI音箱，正在加速普及，销量实现了创纪录的大幅增长，有望取代智能手机成为家庭中新的数字终端。用户只需对AI音箱发出“明天天气怎么样？”“今天股价是多少？”等语音指令，AI语音就会做出反应，通过音箱回答。

在亚马逊的Echo、谷歌的Google Home的带领下，日本企业也投入到AI音箱制造行业之中。行业先行者亚马逊和谷歌公开了语音AI的应用程序接口（API），促进了能够与AI音箱互联的数字家电和新服务的研发。

AI无法独立发挥作用。AI的目的是让产品、服务及信息系统相互连通，提高它们的价值。关键在于“互联”，办法之一便是开放API。

所谓开放API，就是让某个应用软件的功能能够被其他软件使用。上文讲的就是AI音箱的语音AI和家电装载的应用软件实现互联。

谷歌等公司提供的导航服务也已经开放了API。利用该

API，餐饮信息网站可以显示店铺位置。IBM、微软等IT巨头提供的AI软件同样开放了API，普通企业可以使用这些API连接自己的设备。

金融行业的新兴金融技术企业也正在利用开放的API推广新的服务。例如，日本的Money Forward公司就把银行API运用到了家庭记账服务中。通过API，个人每天扣款、进账等记录都会显示在记账本上。

日本2017年6月出台的《银行法修正案》规定，所有银行都有开放API的义务。截至2018年8月，有128家银行宣布开放API。除了不提供网银服务的银行，日本所有的银行均已开放API。

家电和汽车行业也在推进API的开放。各制造商开放了空调、电视、照明器具、锁具等家电控制服务API，使之能够被智能手机、个人计算机、AI音箱所控制。在汽车行业，2018年1月丰田推出的全自动驾驶概念车型e-Palette，开放了能够实现自动驾驶、汽车管理、动态管理的API，明确许可使用e-Palette汽车提供移动服务的公司可以利用。优步和必胜客等多家公司已经申报加入了服务公司。

大量企业利用API提供服务形成的经济模式，被称作“API经济”。根据美国IBM公司2015年的估算，API经济的市场规模“将于2018年达到2.2万亿美元”。

API开放之所以取得发展，原因是用户需要更高层次的服务，而某一家企业独木难支。各个企业专注于自己擅长的领域，通过API合作，就能顺利提供服务。这种经济模式极其重要。反之，如果企业采取不开放API的方针，就会脱离这一潮流，没有人会使用这家企业的产品或服务。

随着AI的用途愈加广泛，API开放也变得更加重要。因为只有融入API经济的体系，才能让更多用户使用本公司的服务，并以此积累使用者的动态、喜好等宝贵数据。让AI学习这些数据，有助于提升服务水平，拓展新的服务。如果不开放API，就会被其他人抢占先机，保守企业与通过AI获得更多数据、占据竞争优势的企业之间的差距，将会越拉越大。

088

关键任务系统不协同

主业核心无法使用

在第三次AI浪潮中，诸多企业陆续构建了使用AI技术的系统。未来，为了能够真正使用AI系统，还需要让其与支撑着企业生产、销售、会计的关键任务系统相互协同。但是这并不容易。这并不是AI技术独有的问题，每一项新数字技术在使用时都会牵涉到是否与关键任务系统协同的问题。

信息系统可以分为SoE（交互型系统）和SoR（记录型系统）。SoE使用的是AI、IoT、大数据、移动通信等数字技术，是一种与客户互联（engagement）的系统。而SoR直译是“记录系统”，即传统的关键任务系统。

AI引领的SoE在与传统的SoR实现协同后，能够产生新的价值。例如，用AI分析关键任务系统积累的客户购买记录数据，而后在电商网站上展示推荐商品，并将最适合推荐的时段告知企业的营销负责人。

某运动服装商通过IoT架构获得了顾客运动量和健康状态的数据，经过AI分析，向顾客提供量身打造的建议，提升了客户满意度。此后，该商家继续比对关键任务系统的购买记录数据，看准时机向顾客推荐新的商品。

SoE和SoR的协同，很大程度上受困于两个系统的性质差异。无论是研发方式还是产品周期、数据形式等，二者均大相径庭。因为SoR一旦中断就会导致企业业务停滞，所以在设计和使用SoR时，人们会更加重视运行的稳定性和安全性，对功能扩展不得不慎之又慎。系统研发耗时多年、应用10年的情况并不少见。通常，关键任务系统都是在公司内部计算机上运行，所处理的数据大多是数字和文字。而SoE则需要随时做出调整，使之能够迅速提供服务。研发期间是将系统分解为小单位，运行、确认、修改，并不断重复这一过程。伴随着云计算的普及，越来越多的系统在公司外部的云端运行。SoE可处理的数据不仅有数字和文字，还包括语音、图像、视频。

导致协同困难的另一个原因是技术人员匮乏。从事SoR的技术人员越来越少，而且企业一线事务部门更多时候是向其他

IT企业订购SoE系统，而不是让本公司负责SoR的信息系统部门（IT部门）参与进来。不过根据IT技术咨询公司Gartner Japan的预测，“2020年前，非IT部门独立推进的80%以上的IT项目（研发、应用、维护），最终都不得不寻求IT部门的支持和帮助”。

089

应对制度的变化

接二连三的系统修改

人才短缺、API开放、关键任务系统，再加上频发的关键任务系统修复，都会对AI应用造成影响。尤其是法规制度的变化，会使得关键任务系统被迫做出修改。不仅人会受制于这种变化，AI也可能会变得面目全非。

例如，2019年5月日本改元。如果2019年10月消费税上调，就要相应引入“轻减税率”[1]处理系统。导入消费税不仅会影响系统，还会影响门店和会计事务。

还有升级信用卡安全结算。日本2018年6月开始施行的《分

[1] 将税率控制在标准税率以下。在日本多指消费税率减免，减免对象主要是低收入人群消费占比较高的生活用品。——译者注

期付款销售法修正案》规定信用卡结算必须遵照支付卡数据安全标准（PCIDSS）执行，实体店以2020年3月为限。

金融机构不仅要根据上文提到的银行法修正案开放API，从2018年10月开始，日本全银系统还要实施全年365天、每天24小时的营业模式。全银系统负责各银行间结算，虽然是否加入该系统是自愿的，但已有超过八成的日本金融机构表示愿意加入。因此，系统需要进行相应的升级，确保全年365天、每天24小时提供客户查询、安保监控等各项服务。

090

出乎意料的判断失当

无法做到万无一失

留住了人才，想方设法研发AI，将其接入必要的系统并成功运行。然而，即便是按照设计意图按部就班地完成一系列操作，在一些意想不到的时候，AI依然会做出不当判断。倘若是在金钱或性命攸关的场合，这种判断失当哪怕只出现一次，不但使用AI的企业及其研发人员会名誉扫地，还有可能发展为损害赔偿官司。

2018年5月，美国就发生了一起AI出错事件，亚马逊的AI音箱Echo错把家庭私人对话发送给了联系名单上的一位联系人。

据调查，Echo把家庭成员的对话当成了人们对它下达的指令，在用户不知情的情况下拨通了打给外界的电话，泄露了家庭对话的内容。

该故障的原因尚未查明，但据推测应该是多个误判叠加所致。首先，家庭对话中有一句话听起来很像“Alexa”。因为“Alexa”是Echo的唤醒词，所以Echo便启动了。然后又有一句话很像“发送信息”，Echo便反问“向谁发送”。但家庭成员并未注意，而是继续对话，Echo便从对话中识别了一个与已录入的联系名单上的某位联系人相吻合的名字，随后向用户确认“是不是某某”，并从家庭对话中识别到“是的”的语音，于是发送了信息。

假如确实如此，那么亚马逊的AI音箱的确是按照设计意图从家庭对话中听辨出了特定的语音，并按照程序依次进行了请求确认，但处置结果却弄巧成拙。

2017年，美国就曾曝出亚马逊Echo一次出乎意料的举动。电视新闻播音员正在播报一条新闻，新闻内容是一个6岁的孩子向Echo索要袖珍娃娃屋，结果Echo在孩子父母毫不知情的情况下下了订单。当时，播音员说了一句“Alexa，订购娃娃屋”，结果当时所有正在收看电视节目的观众家里的Echo，都做出了响应。在这个案例中，AI音箱的确正确识别了播音员的语音，但却引发了混乱。

通过改进AI程序，让AI学习更多的事例，这些问题是可以解决的。如果AI能够判断人类的对话是不是操作指令，或是能够判断出声音来自附近的人还是来自电视机，那么就可以减少类似的麻烦事。

然而，AI引发不当结果的概率无法降至零，因为研发人员不可能在事发之前穷尽所有可能出现的情况，AI进行判断的对象本身也可能会发生变化。无论对象变化得是快还是慢，必然会有一段时间，数据搜集不足以支撑AI学习。

人类在面对未知状况时，同样未必能够做出恰当的判断，但人类在犯错后能够承担责任。哪些层级的判断可以托付给AI，而哪些又不能——这类非技术性问题的探讨，一样不可或缺。

091

侵犯个人隐私

个人数据的使用限度在哪里

AI音箱还存在着安全问题。2017年8月，英国黑客声称可以通过互联网侵入亚马逊老款Echo，将其变为窃听器。Echo现有型号据称已经封堵了能够侵入的部位（安全漏洞）。不过，由于AI音箱的内核是计算机，所以它与智能手机、个人电脑一样，很可能会被找出其他的安全漏洞。

AI音箱还有可能会侵害个人隐私。AI音箱具有搜集使用者语音数据的功能，而这些数据并没有储存在音箱，而是储存在亚马逊或谷歌的云服务端。对于AI而言，语音数据越多就越有利于它听辨使用者的声音。

2016年12月，美国阿肯色州警方为了调查一起命案，要求亚马逊提供其搜集的语音数据，亚马逊最终同意了。这证明其保管的语音数据能够锁定AI音箱的使用者。

针对家庭内部交谈内容是否会通过AI音箱外泄的疑虑，亚马逊和谷歌均明确予以否定。AI音箱并不是通上电就能实时录音，而是只有在使用者发出特定语音密码时才会启动。

然而，一旦唤醒AI音箱与之对话，那么这段语音数据就会被外界保存。据说，病态语音识别方面的专家已经能够通过语音数据把握说话人的健康状态。如果大力发展病态语音识别技术，那么下面的描述很可能会变成现实：某个AI音箱使用者患上了某种疾病，除了医生，他没有对任何人讲过，也从来没有购买过与这一疾病有关的服务或商品。但是某一天，他开始不断收到号称能够治疗这种病症的产品的邮件广告。使用者在震惊之余，以侵犯个人隐私为由将矛头指向发来邮件的企业。

又比如，语音来自一位正在求职的学生，通过语音识别出来的健康信息一旦被应聘企业掌握，那么很可能演变为人权问题。

可以预见，围绕个人隐私将会出现种种问题，一旦问题的导火索被确定为语音信息，那么势必将引发轩然大波。

评价和自主分析健康状态、兴趣爱好等个人特征的行为，也被称作画像（profiling）。欧盟根据2018年5月起生效的《通用数据保护条例》对画像做出了一定的限制。但日本的《个人信息保护法》对其限制却模糊不清。以AI音箱为代表、涉及互联网服务和AI的画像技术，其是非对错及侵犯个人隐私的问题，目前还远远没有定论。

092

滥用AI

能否防止被恐怖分子或罪犯利用

国防战略计算机系统天网自我意识觉醒，开始攻击人类——这是1984年上映的电影《终结者》的故事情节。AI失控的危险一直以来都被电影和小说当作素材。而如今，AI威胁论已经真正被提上议程。

美国特斯拉电动车及能源公司的CEO埃隆·马斯克认为："AI是未来最大的威胁。"但美国Facebook董事长兼CEO马克·扎克伯格（Mark Zuckerberg）却在某次节目采访中回应称："我不能理解所谓'AI导致人类灭亡'的威胁论，持这种论调的人太不负责任。"对此，马斯克在推特上驳斥称："如果你没有思考过AI的风险，那么你应该马上去想一想。"

不过，他们的唇枪舌剑并没有跳脱出AI目前的类型——作为一种统计手段和进行深度学习的程序，而非天网那种自我意识觉醒的AI。即便如此，一旦AI被人恶意利用，同样会对人类造成威胁。

2018年2月，一篇题为《人工智能的恶意使用：预测、预防和缓解》（The Malicious Use of Artificial Intelligence: Forecasting, Prevention, and Mitigation）的论文公开发表。这篇长达百余页的论文，由来自马斯克创立的非营利公司OpenAI等14个组织的26名研究人员参与整理，阐述了AI可能被滥用的方式及对策。例如，某管理系统的负责人爱好铁路模型。黑客将含有虚假铁路模型广告的恶意邮件发送给他，只要他点开这封邮件，管理系统的管理权限就会被劫持。恶意利用AI刺探某个特定人员的兴趣爱好，比传统的黑客攻击更容易得手。还有一个假想案例是德国财政部长被机器人暗杀：一台市面上常见的清洁机器人被安装了爆炸装置并送进财政部，通过面部识别锁定财政部长，而后接近并引爆爆炸物。除了电子、物理层面的威胁，这篇论文还指出了AI被用于合成图片或文章，从而制造负面社会舆论的风险。

AI不断普及，并且逐渐能够更从容地进行一些高阶处理。无人机、机器人、无人驾驶汽车等物理性质的机器也正在逐步引入AI技术。然而AI技术发生意想不到的判断失当，无意之间侵犯个人隐私，以及恐怖分子滥用AI技术引发社会性问题等，则需要研发人员、企业、政府等各界通力合作予以解决。

对于企业而言，要同时站在生产产品、提供服务和使用者等多角度的立场上防范AI技术被滥用，否则就会有被问责的风险。这实非易事。如果不使用AI，企业就会被使用了这项技术的竞争对手甩在身后，而如果放手使用，又很可能成为别有用心之人的目标。OpenAI的创始人马斯克既是应用AI技术的特斯拉公司的管理者，也兼任着OpenAI董事，但就是由于利益冲突，他最终辞去了OpenAI的董事职务。

093

新卢德运动

员工反抗和企业品牌毁损

机器抢走人类的工作——无论是过去还是未来，这都是永恒的趋势。有时，被夺去谋生手段、人生地覆天翻的人，会迫于生计而出手回击。同病相怜的人第一次联合起来举行的反抗行动，便是工业革命时期英国爆发的卢德运动。劳动者打砸机器和工厂设备，这种骚乱一直持续蔓延了数十年。时过境迁，AI的普及或将引发新一轮的卢德运动。

话虽如此，但读者未必能有真切的体会。毕竟否定因素同样不胜枚举，譬如“如今劳动者的权利得到了保护，矛盾不会爆发”“大家都知道，破坏办公电脑没有任何意义”“创新造就了更多的新职业。这一点历史已经给出了证明”。

似乎我们确实做到了以史为鉴，学会了如何妥善处理技术革命产生的负面影响。计算机的登场将会消灭单纯的事务性工作，而之后随着IT的发展，企业间接部门的工作范围也将进一步缩小。不过，如今的企业不仅从未发生过打砸事件，反而一直沐浴着技术革命的恩泽。

然而，AI的情况有所不同。因为AI不仅能够提高工作效率，还具备等同人类乃至超过人类的判断能力，所以它有可能不单单是抢走工作，甚至还能决定要不要抢走人的工作。

在抢走工作这一点上，AI的影响范围也要大大超过过去的机器。野村综合研究所和英国牛津大学的联合研究预测："从技术层面而言，日本约49%的劳动人口很有可能被人工智能或机器人取代。"对于"技术层面"一词，野村综研的解释是"实际上能否取代，很大程度上要受到包括劳动供求关系在内的社会环境因素的影响"，并补充说，上述预测"并未考虑社会环境因素"。

美国大型IT技术咨询公司Gartner预测，2020年，AI将消灭180万个工作岗位，但同时将创造220万个新工作岗位，这便是所谓的技术革命。但企业通过调余补缺的方式未必能够维持雇用，失业者能否胜任AI创造的新工作，也是一个未知数。

另一个麻烦是，企业开始在人才录用和晋升流程中使用AI技术。遴选人才时要参考过去的工作成绩数据。尽管这种方法号称有一定的成效，但这种可能会左右人的一生的AI评判技术，存在着结构性缺点。

首先，它无法给出评判的解释依据。AI通过基于大量数据的机器学习和深度学习不断打磨对未知数据的判断力，其判断能力足以在下围棋时击败人类。但是，它的学习模式本身是一个黑箱[1]，对于AI为什么这样判断，这一判断是否正确等问题，谁也无法给出解释依据。

其次，在人事评价时，要评价对象是否能从事全新挑战，或是该对象是否具备未知才干等情况，AI不一定能够给出正确合理的评判。AI学习的是过去的数据，无论成功案例还是失败案例都已经是过去式了。而且还有公平问题。如果过去的数据包含了针对人种、性别、出生地等内容的错误评判，那么AI的判断很可能会延续这些现在绝不允许出现的偏见。公平是一个重要的研究课题，但目前研究人员仍没有太好的解决办法。

当评价对象质问AI“为什么是我”时，AI无法拿出合乎逻辑的依据。因而对象一旦产生怀疑，那么不但解释说明难以让人信服，而且再用“AI评判仅供参考”来搪塞敷衍也未必行得通。

我们不能过于乐观地看待机器和人类之间的微妙关系。机器扭曲人生所造成的不和谐，人们对随意使用机器的企业的不信任——这样的情绪正在不断积聚。倘若此时企业稍有不慎，心存龃龉、疑窦丛生的人们便会通过社交网络联合起来。新卢德运动的目标将不再是机器本身，而是企业的品牌。

---

[1] 黑箱（black box），即人工智能输入的数据和其输出的答案之间不可观察的区间。——译者注

094

对AI发展作壁上观

没有规划便无法形成战斗力

前文列举了与AI有关的不确定性，但AI依然是所有组织、所有人都要思考如何与之相处的一项技术。我们能否发挥出超越AI的力量，能否取代AI，或是能否借助AI提高自身的价值，可以说，这些问题将左右组织的存续，左右个人的工作方式和生活方式。

我们不能做AI的旁观者和评论家，而是要将其视为切身利益。是否这样理解，结果是大不相同的。将其视为切身利益、迎头而上，AI便会成为巨大的战斗力。而对于旁观者而言，AI永远遥不可及。能否熟练使用AI，取决于每个组织、每个人的意愿和行动。

AI的不确定性既可以成为风险，也可以化身机遇。比方说前文提到的行将被AI消灭的工作，可以把它看作是一场悲剧，也可以乐观地理解为是把工作交给AI。

我们可以感慨人手短缺，有工作却没人干；也可以将工作拆分，把以往依赖人力的工作委托给AI，把非人类莫属的工作继续交给人类。

例如，日本一家初创公司研发了一套名叫LPixel的图像AI。

X光CT、核磁共振、内窥镜等诊断技术进步的同时，也增加了影像医生和病理医生的工作量，而该公司的这套医疗图像辅助诊断系统能够减轻这些医生的负担。据《日经数字健康》报道，以原发性口腔癌和转移性口腔癌为例，专业医生的诊断精度不超过70%，但利用该公司的系统，诊断精度可达99.6%。日本国内外的大学、研究机构、企业均对这项技术给予关注，纷纷与该公司加强合作，开展联合研究。

让AI用起来更为便利的相关研究工作，同样取得了进展。例如，致力于研究手写识别和深度学习技术结合的风险企业UEI、索尼计算机科学研究所（CSL）、美国WiL风投公司，它们在2017年联合成立GHELIA公司，目的是让AI造福更广泛的人群，让更多人受益。GHELIA将提供能够简易开发AI的工具和成品AI的可交易市场价，并且可以通过API接入其他AI功能。

尽管GAFA等美国公司具有强大的影响力，但目前仍有广阔的市场尚未开拓。这让前景规划和理念变得更加重要，譬如，企业想用什么样的AI产品和服务来改变世界。

在充分发挥深度学习特性，不断创造新的附加价值的企业中，有一家名叫Cylance的美国网络安全初创企业。该公司正在让AI大量学习曾经出现过的恶意软件（恶意研发的包含病毒的程序），希望它能够自主发现恶意软件的特征，并且可以在使用者的终端上使用。较之于以往新型恶意软件出现之后再研发、发布杀毒软件的做法，这种方法能够更快捷地解决恶意软件。一旦成功，它将关系到目前主营杀毒软件研发的企业的生死存亡。

第十一章　如何化风险为机遇

作者一览

日经 BP 综研

谷岛宣之

095

风险管理形式化

识别风险之后自觉万事大吉

所谓风险，就是有可能对达成目的造成影响的某种不确定性。前文根据这一定义列举了可能会动摇商业的风险。本章作为总结，将对必需的风险管理做一些思考。

风险管理的定义是，识别难以发现的风险，规避恶劣影响，同时尽可能扩大有利影响。不过现实中，人们几乎不可能做到这些。

风险管理本身早已备受关注，近年来它逐渐转变为组织上下通力合作的全面风险管理（ERM，Enterprise Risk Management）。而在大约十几年前，企业则更重视内部控制（Internal Control）[1]，甚至有些组织还设置了首席风险官（CRO）的职位。

作为一个组织，自然想要妥善管理风险，但实际上，风险仍然不可避免地持续爆发，给组织带来负面影响，更不必说扩大有

[1] 内部控制是指由企业董事会（或者其他决策、治理机构）、管理层和全体员工共同实施的，旨在合理保证实现企业基本目标的一系列控制活动。——译者注

利影响、化风险为机遇了。

组织做出努力，但未见成效，原因可能在于风险管理流于形式。让管理层进行风险管理学习，要求他们识别风险，记录在表格上并反馈；风险管理部门识别出大量风险，并按照轻重缓急进行排序。但录入完毕、提交了表格的管理层，转头便专注于眼前的本职工作。

形式的确很完善，但这样做并没有什么效果。引进国际标准化组织（ISO）管理体系时，我们就曾见过将资料整理完毕便高枕无忧的形式主义，这次，形式主义又出现在了风险管理之中。眼睛里只有风险识别，一门心思地只想着格式和流程，这就是风险管理形式化的风险。而这种风险根本不会带来任何机遇。

096

规避“规避风险”

领导能否采取规避措施

在风险管理中，识别风险之后就应当决定该风险爆发时的应对措施。对于一旦爆发就会给经营管理带来危险的风险，可以考虑采取“规避”的方法。而对于负面影响并没有那么严重的风险，则可以“减轻”或“接受”。

试想大雪天气造成的交通拥堵风险。天降大雪时，有时当天的电视节目便会播放街头采访。“计划提前回家”“已经换上了雪地胎”等即为“减轻”措施，“做好了在外过夜的准备”则是“接受”措施。不过，如果大多数人都采取“提前回家”这种减轻对策，有可能会导致车站人满为患，不得不限流，甚至人们根本挤不上电车；安装雪地胎也不一定能够完全避免路滑引发的事故。而对于大雪这类自然现象，又很难采取规避策略——不过，利用在家办公制度，员工无须前往公司，也算是一种规避措施。

倘若风险爆发后会给经营管理造成打击，那么如前文所述，管理者必须要认真思考规避措施，风险一旦爆发，随即坚决执行既定措施。然而多数情况下，一些风险是在识别之后才被发现的，对它们，管理者只能采取减轻的策略。而像大雪这样的风险带来的不良影响，则只能被动接受。

针对那些有可能导致经营管理危机的不确定的规避对策，本身就常常伴随着阵痛，管理者很难痛下决心。“不至于那么严重”——有时就是在这样瞻前顾后的时候，事态已经变得无可挽回。如果没有坚定不移、能够断然采取规避措施的管理干部，那么风险管理将无法发挥应有的效能。

097

主观判断

“应该没问题”其实很有问题

风险管理的难点在于，风险是不可见的。即便风险被识别出来，其结果往往也是人们没有亲眼所见便无法理解，或是没有实际发生就不为所动。常常到火烧眉毛了才有人采取行动试图规避，但大多为时已晚。

而所谓识别，也不过是人们根据主观想象的或是曾经发生过的类似事件做出的推测。如果有些被忽略的风险突然爆发，企业便会遭到当头一棒。

风险管理专家、PROJECTPRO董事长峰本展夫指出：“人必须要铲除根深蒂固的主观判断。”譬如前文提到的大雪的例子，人们固执地认为，“虽然积雪路滑，但自己应该不会出事”。可见，就算人们识别到了路滑会造成事故的风险，但仍然不会规避。

老年人驾驶事故发生的原因中，也存在着类似的主观判断。经过多起事故通报和警方大力宣传，人们已经识别到了老年人驾驶的事故风险。这种风险既不能减轻也无法接受，唯有规避——也就是不开车。可是老年人大多不自觉地认为自己应该没问题，或是这次应该没问题。

由此可见，如果人们不能让风险和对策根植于心，那么纵然识别了风险，做好了准备，也不会真正采取行动。换言之，由于主观判断作祟，人们无法真正认识到风险管理的意义。这就是风险管理形同虚设的原因所在。

一些未能识别的事态爆发并造成不良影响，也大可以归咎于主观判断。诚然，那种放眼组织内外都属史无前例的罕见事态，一旦发生确实难以规避。但往往发生的都是那些原本以为是板上钉钉、结果却出现了变故的事态。比方说，开展工作的基础是某个前提条件，倘若这个前提条件被推翻，那么随即便会引发危机。“本应该已经做好的”“本应该约好的”这些前提就摆在管理者面前，管理者自认为应该没问题，但却不曾注意到前提条件正在发生变化。

098

全球变冷

造成食物短缺和基础设施功能失常

一谈及所谓主观判断，就不得不提到全球变冷问题。没有写错，确实有一些研究者、学者和研究机构发出了地球气温将要下降的警告。

其中，英国诺森比亚大学的瓦伦蒂娜·扎尔科夫（Valentina Zarkov）教授的观点曾引发热议。2015年7月，这位教授在英国国家天文会议上宣布了自己的预测，称“地球将于2030年进入小冰河期（mini ice age）”。

太阳的活跃期和休眠期是交替出现的。根据扎尔科夫教授的预测，太阳现在已经进入了休眠期，气温将持续下降，直至2030年进入寒冷期。同样是在2015年，美国宇航局（NASA）在11月使用人造卫星测算了南极冰层，公布的结果显示，冰层融化和冰层变厚的区域都是存在的，整体而言南极的冰层正在变厚。如果NASA的测算是正确的，那么可以说明事态正在向着与全球变暖的相反的方向发展。

太阳黑子测算是衡量太阳活动状况的标准之一。根据NASA的报告，2018年1月至2月，连续2个月未出现太阳黑子活动。有人指出这种情况预示着太阳活动逐渐陷入停滞，全球正在变冷。可能有人觉得2018年夏天热成那样，怎么可能会变冷，但据新闻报道，该年8月北海道宗谷地区稚内市沼川的最低气温已低至6.1℃。

然而，有关气候变化的论文、观点见解及报道，谈论的大多依然是全球变暖，主张全球变冷的学者和机构只是少数派。声称太阳活动（黑子活动）与地球变冷毫无关联，对全球变冷现象持全盘否定态度的人并不在少数。

以风险管理的角度来看，全球变冷也好，变暖也罢，争论孰是孰非并没有意义。气候的变化机制和太阳之间的联系仍有诸多未解之谜，唯一能够确定的是，自从地球诞生以来，温暖期和寒冷期一直交替出现。只将二者中的某一方视为必然发生的前提条件，从风险管理的角度而言并不妥当。

能否用简单的因果关系解释气候变化这种规模庞大且复杂的现象，原本就很难有定论。全球变冷的主要依据是一种因果关系，即太阳活动停滞会导致地球气温下降。但全球变暖的依据同样是一个因果关系，温室气体增加会引起气温上升。

全球变冷和全球变暖都分别得到了一部分国际性研究机构、政府相关机构、权威学者团队的支持。两方的机构和学者团队都搜集了各式各样的数据，构建因果关系模型，利用计算机得出模拟结果，然后发表报告。

但不论他们分析得多么细致入微，全球变冷和全球变暖都不过是一种理论或假说，是不是真的会出现，仍然没有定论。进行模拟试验时，必须要有预设的前提，否则就得不出结论，但在设置前提条件的时候，难免会掺杂进变冷派和变暖派的主观判断。

总而言之，全球变冷和全球变暖两者都是风险（不确定性）。人们应该去识别风险发生时所造成的危害程度，研究危害巨大的风险并为之做好准备，而不是在发生概率孰高孰低上纠缠不清。

很多企业已经将全球变暖对策纳入到了中长期计划中，这也是为了展示企业应对全球变暖的态度，规避因企业态度冷淡导致股价下跌的风险。

那么如何应对全球变冷呢？全球变冷的影响同样极为严重。

除了气温下降本身的影响，气候异常还会影响光合作用。谷物、蔬菜等食物栽培将变得更加困难，产量也会下降，很可能会导致食物短缺。据说，欧洲已经在研究能够适应全球变冷的种子。

全球变冷还会对交通、电力、供水排水管线等社会基础设施造成冲击。只要有一个零部件出现异常，就会引发整个基础设施功能失常。1986年挑战者号航天飞机爆炸事故堪称是前车之鉴。事故原因是发射当天的天气出现异常，气温过低，致使用于密封固体燃料助推火箭的O型圈橡胶失去了弹性，引发高温气体泄露。

目前除了某些特定地区，支撑社会基础设施的各类机器设备都还没有做好应对全球变冷的准备。人类上一次亲历全球变冷是17~18世纪，要追溯到工业革命以前。从那以后直至今日，大约300年来，人类再没有亲身感受过地球的寒冷期。

099

东京奥运会

看似危险，但实际情况又将如何

“主观判断”和“全球变冷”两节中用到了“判断”和“前提”这两个词。其实，这两个词用英语表示是同一个词——assumption。这个单词有判断和假设两层含义。前文提到的峰本先生就提倡用假设管理来替代风险管理。下面介绍峰本先生的具体建议。

假设（主观判断、前提）也是一种有可能影响目标达成的不确定性，如果对它进行识别，发现假设变化之后会造成巨大影响，那么就要做好相应的准备。这看上去酷似风险管理，但思路和态度大不相同。

假设是“正确的假定、判断”。它是人们正确、准确的主观判断的结果，这种正确和准确是人们乐于看到的。前提如果是错误的，就会让人一筹莫展，但如果主观判断是正确的，则可喜可贺。因此，假设管理是一种“识别正确性，确认正确性”的积极向上的方法。当发生某种不确定性时，人们也能够将其变为机遇。

而针对风险管理中的风险，人们需要遵从标准程序，评估其发生的概率和影响程度，而后它才能成为人主观判断的依据。不过，人们往往会思考“可能会在哪些地方失败”“类似案件中出错的地方是哪儿”等，态度容易流于消极。只顾着列举眼前的问题，就很可能会错失更重要的事项、前提或判断。费尽心思地寻找失败和错误，只关心失败和错误会不会发生——这种态度很难把握住机遇。

在识别假设时，人们需要全盘考虑经营管理和商务业务、组织或项目，重新审视“计划万无一失，但实际情况又将如何”这个问题。项目负责人要重读计划书，在计划书明确给出前提条件的情况下，研究实际情况将会怎样。有时，计划书没有明确写出前提条件，那么对潜在的前提条件，也要斟酌哪一个不确定性会造成最严重的影响。管理干部在制定业务计划时，要尽可能地找出前提条件并明确记录下来。

峰本先生建议，找出假设的要领在于尝试给事物和情况加上“应该”这个词。例如，当听到“销量继续增长的话人手会不够用，希望能够将两个组织合二为一”的建议时，自己要想：“销量应该会继续上涨，人手应该会不够用，那么实际情况是这样的吗？”即便销量上涨确有其事，也要注意在人手方面有没有可能是因为工作方法太死板，导致思维走进了“反正还得要几个人，人手铁定不够”的死胡同。改变工作方法之后，人手可能就足够了，无须再整合组织，甚至还有可能顺势提高生产效率。这便是从不确定性中发掘出了机遇。

像这样把握假设，就可以制定出覆盖面更广的根本性对策，从而在不确定性因素爆发时掌握能够尽最大可能趋利避害的方法，成功地化风险（不确定性）为机遇。

找出假设之后，要制定指标，监控其是否会发生变化。还是以老年人驾驶机动车为例，针对“我应该没问题”这一假设（主观判断），以“急刹车次数”为指标进行量化。最近出现了一些类似“驾驶诊断”“驾驶能力诊断”的智能手机App，可以监控并记录急加速、急刹车、急转向的情况。通过多次驾驶积累次数，将其中的变化展示给驾驶员，就能使其意识到“应该没问题”这一假设出现了偏差，从而可以让驾驶员放弃驾车，提前规避事故风险。

针对监控假设时的注意事项，峰本先生提出，“要用旁观者的视角来获取数据”。如果数据做不到一目了然，人们就无法破除主观判断。“获取数据”听上去麻烦，但只需定性分析即可。例如，老年人驾驶机动车辆时，同行乘客可以对驾驶员进行观察，统计驾驶员驾驶过程中显现疲态的次数、驾驶过程“路怒”的次数或是乘客自己受到惊吓的次数。尽管这些数据并非来自旁观者，而是乘客自己的观察，但依然具有说服力。

可见，监控假设的目的是确认已识别的假设的稳定性。一如前文的例子，通过参考指标，就可以看出“应该没问题”这一假设只是主观判断，缺乏稳定性。反观风险管理中对已识别的风险进行监控，则是为了确认当初所识别的发生概率和影响程度在后期是否会发生变化，验证这一风险是否可以继续作为主观判断的依据。这当然也很有必要，但往往会形成一种持续关注某一风险、坐以待毙的状态。

尽管本书未能提及国家风险等问题，但只要吃透了这些问题赖以立足的假设（前提），就能够研究出其前提条件崩溃时的应对之策。

有一个题材很适合用于研究假设：东京奥运会。2021年东京奥运会已经被指出多项问题，例如，举办期间的交通拥堵、出行难、国际机场起降班次增加及相应增多的航空管制负荷和入境手续、防暑降温、引入夏令时，等等。而且，奥运会还会对商业活动造成影响。例如，建筑、土木方面有可能出现工程费用暴涨，更多的工伤，以及设计、施工方面的纰漏。

在考虑这些事项的时候加上一个“应该”，人们很可能就此灵光一现，想出变假设为商机的好主意。

100

钝感管理

用灵活的思维把握机遇

日经BP综研的研究人员展望了从现在到2030年这段时间，从中找出了很多与管理者息息相关的风险。例如文科思维管理（情绪化、不理智、保守管理）、慎重管理（日本泡沫经济崩溃后的30年里步入社会的人由于过于慎重，不能对下属提出的建议做出合理的判断）等。

不过，所谓的理科思维也不见得就能够做出合理的判断，也未必比文科更加敢于迎接挑战。文科也需要理科的参谋配合。慎重本身不是缺点，它与无法对下属的建议做出评判，完全是两个概念。

关键在于思维的灵活性。找出假设（主观判断、前提），如果是错误判断，就要即刻停止，如果要修正前提条件，那就需要灵活的思维。既要运用理性和逻辑思考，同时也要通过情感和直觉来感受事物。因为有时，直觉会比逻辑更快更准确地发现主观判断和前提。

当游戏规则发生变化，产业再定义持续推进，商业前提也随之改变。如果没有注意到这些变化，见招拆招，疲于奔命，照猫画虎一般实施风险管理，那将既无法规避负面影响，也无法把握机遇。

本书整理了影响商业的9大类风险。当然，在这9个类别之外，还有许多的不确定性因素，而且有些不确定性跨越了多个门类。应对这些不确定性的唯一办法，就是提高思维能力。

正如第一章所述，本书介绍的100个风险是用来启发关于未来，凡人所能做的事情。以这些风险为素材，通过深入思考，人们必然能够找出假设，化假设为机遇。